The Flag Book

一次看懂世界國旗

茉伊拉・巴特菲爾德

（Moira Butterfield）

目錄

北美及中美洲
12－35頁

南美洲
36－45頁

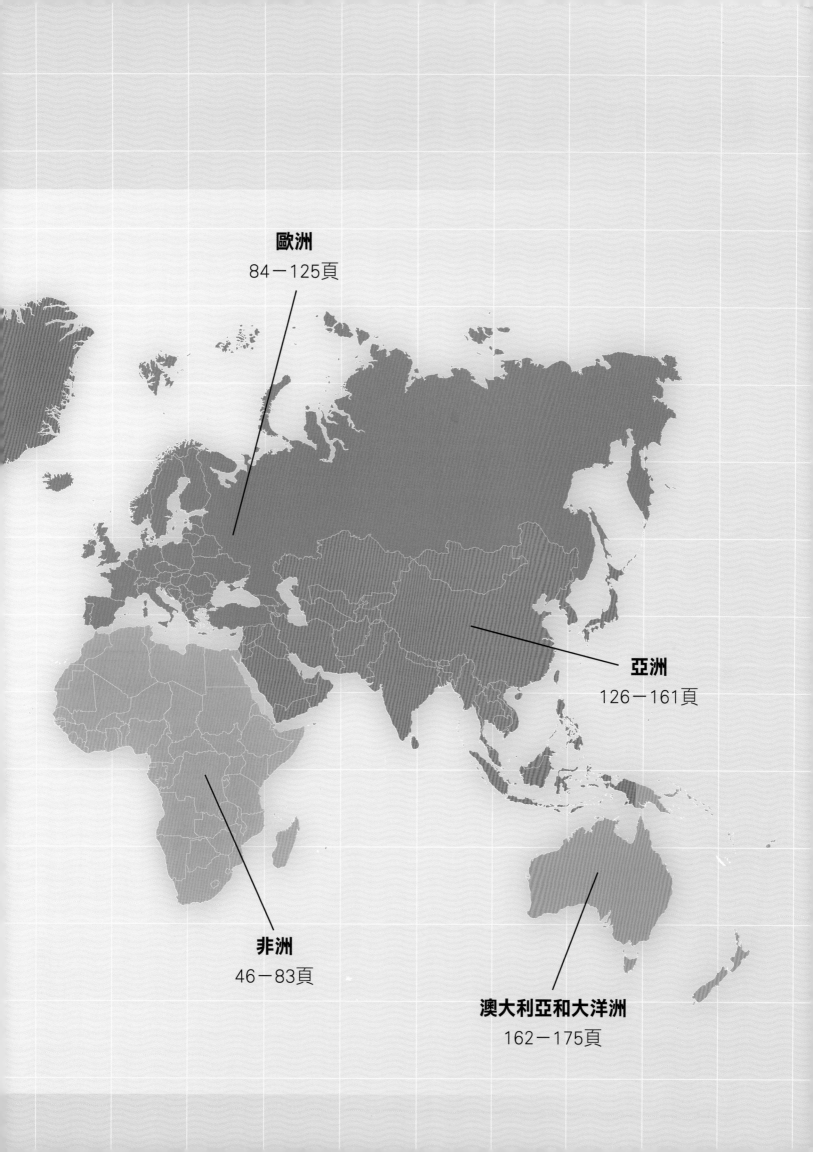

歐洲
84－125頁

亞洲
126－161頁

非洲
46－83頁

澳大利亞和大洋洲
162－175頁

旗子的用途

你所看到的每面旗子都是極具意義的圖畫，對著觀看的人發出訊息。世界上每個國家都有一面代表自己的旗子，向全世界宣布：**我們以我們的國家為榮。**每個地區及城市也有自己的旗子並且表達著相同的榮耀。

這本書將向你展示每個國家的國旗以及地區的旗子，還會解釋國旗上的顏色、圖案所代表的不同涵義。

想知道這些彩色旗子代表的意義，可以翻到70-71頁。

遠洋旗子：除了各個國旗的相關知識外，也會學到在船隻上飄揚的旗子所傳遞的訊息（第54-55頁）。

旗子的種類

有些國家也許會有許多不同種類的官方旗幟。

國旗：國家在國際場合所使用的官方旗幟。

政府旗：有時候我們會看到飄揚在政府大樓外，看起來和一般國旗略為不同的旗幟。

民用旗：有些國家會使用民用旗及國旗。非政府組織會使用民用旗。

區域旗：這是地區或海外領地會使用的旗幟。

英國著名海盜白棉布傑克（Calico Jack Rackham）的旗幟。

以前的旗子：

如果翻到本書第28-29頁，你會發現海盜旗上所要傳遞的嗜血訊息。在94-95頁，還可以學到所有關於世界上最古老旗幟的知識。

當黑白格紋旗揮舞時，代表有一輛賽車已經越過終點線。

運動旗：

在第170-171頁，可以學會辨識出一些，也許出現在很多運種場合上的特殊旗幟。

當這種旗幟在英國倫敦的白金漢宮上飄揚時，代表英國女皇正在皇宮內。

特殊旗子：
可以在第154-155頁找到世界上最有趣的旗子以及一些太空旗。

一根水平的桿子使美國國旗看似在月球上飄揚。因為月球沒有大氣層，所以實際上旗子是無法飛揚的。

總統及皇家旗子：
一些被皇室或總統治理的國家會有專屬的旗幟，可以在他們的座車及官邸看到這樣的旗幟飄揚。

聯合國旗幟。

國際組織旗：
聯合國、國際奧林匹克委員會以及其他組織都有專屬旗子。在第176-177頁，可以看到一些國際組織的旗子。

聯合國旗海飄揚的景象。

旗子的特殊語彙

研究旗子的學問稱為旗幟學。旗幟學家會使用特殊的語言來描述旗子組成的部分和圖形。在這本書中,我們會簡化這些用語。

旗子組成的部分

THE HOIST 旗軸
旗身最靠近旗桿的部分。

THE FLY 旗尾
旗身離旗桿最遠的部分。

HALYARD 旗繩
用來升降旗的繩索。

CHARGE 旗徽
旗面上的標誌。

THE FIELD 旗面
背景顏色。

STAFF 旗桿
旗子柱桿。

旗子比例

旗子比例指的是旗高和旗寬相比之下的比例。一面 1：2 的旗子比例指的是旗寬是旗高的兩倍。

1 x

2 x

1:2

旗幟形狀

大部分旗幟是長方形,有些則是四方形。但是有些形狀則是比較特殊,也有特殊的名稱。

FANION 三角旗

PENNANT 直立三角旗

SWALLOW TAIL 燕尾旗

DOUBLE PENNANT 雙直立三角旗

BURGEE 三角燕尾旗

旗子的形狀

雖然一些旗子會使用特殊的形狀及圖形，但是全世界的旗子還是有以下這些基本設計：

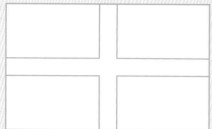

對稱十字形（例如：英格蘭國旗）

直條形 三個直條紋（例如：加拿大國旗）

邊框形（例如：蒙特內哥羅國旗）

北歐十字形 不居中的十字圖案（例如：冰島國旗）

橫條形 三條等距的橫條紋（例如：奧地利國旗）

小矩形 旗面左上角有矩形圖案（例如：美國國旗）

希臘十字形 等長的四隻十字臂（例如：瑞士國旗）

V字形 三角圖形由旗軸邊延伸而出（例如：捷克國旗）

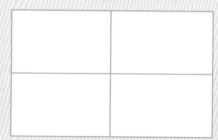

四等分形 旗面分成四等分（例如：巴拿馬國旗）

X字形 對角十字（例如：蘇格蘭國旗）

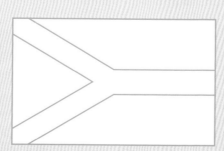

Y字形 旗面有一邊是Y字型（例如：南非國旗）

對角形 旗面上有對角條紋（例如：坦尚尼亞國旗）

旗子的設計

旗子的設計有許多不同的原因。旗子的顏色及形狀也許代表著這個國家的歷史、政治理念、景觀或是人民。

旗子的歷史

有些旗子的歷史,特別是歐洲的旗子,可以追溯至好幾世紀以前。古老的歷史有時候可以從當時統治階層的貴族所使用的盾牌徽章看出來。

過去200年以來,許多國家已經脫離歐洲殖民統治變成獨立的國家,所以需要新的國旗設計。而一些加勒比海國家,還讓當地居民加入國旗設計比賽的活動。

國旗也許會因為政治的關係有所變動。當新的領導者掌權,有時候會改變國旗的樣式。

旗子的使用禮儀

許多國家都有使用旗子的禮儀。如果破壞使用規則,很有可能會冒犯到人家,所以千萬不要將國旗倒掛或是對國旗不敬。

有時候會看到降半旗,也就是國旗只有升到旗桿的一半。這表示發生什麼不幸的事件或是重要人物過世,為哀悼的表示。

出於禮貌,在聯合國裡,所有的國旗都會掛得一樣高。

英國國旗,又稱聯合旗,是公認最難掛得好也是常被掛錯的旗子。看準寬對角條紋是將國旗掛對的關鍵。

當巴哈馬1973年獨立時,將本來含有英國國旗及島嶼標誌的國旗換掉,改成全新的一面國旗。

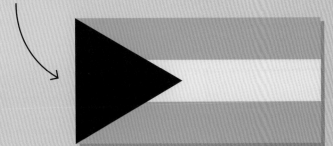

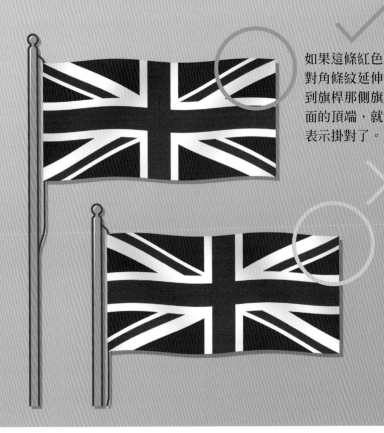

如果這條紅色對角條紋延伸到旗桿那側旗面的頂端,就表示掛對了。

請來找找旗子上的……

旗子上有各式各樣有趣的圖樣。它們可以呈現一個國家與眾不同之處，包括文物、在那裡發現的動植物、或是用象徵性的手法來表現這個國家的歷史或價值。

帶有神祕的生物，像是龍一類，這種圖案來自古老的盾牌徽章或是古代神話。

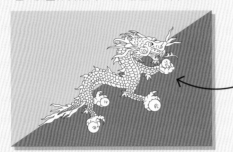

不丹的國旗上可以發現印有雷龍的圖案（見第144頁）。

阿爾巴尼亞（第97頁）、蒙特內哥羅（第98頁）及塞爾維亞（第99頁）的旗子上有雙頭老鷹的圖案。

代表國家的**地理景觀**的圖樣

厄瓜多的旗子上（見第40頁）標誌著山水圖案。

地理景觀圖片也可以在海外領地，像是關島（第17頁）及聖赫勒拿島（第109頁）的旗子上看到。

國家特有的動物

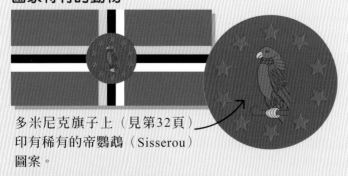

多米尼克旗子上（見第32頁）印有稀有的帝鸚鵡（Sisserou）圖案。

這種帶有國家特有動物的圖案也可以在烏干達（第59頁）及巴布亞新幾內亞（第166頁）的旗子上看到。

星星有時候代表一個國家的行政區域

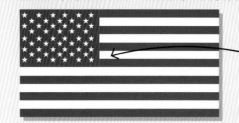

美國國旗上（見第16頁）的星星代表著美國的所有州。

密克羅尼西亞（第167頁）、維德角（第77頁）及澳大利亞（第164頁）的旗子也有星星。

根據這個國家的宗教信仰，有時候也會在國旗上看到關於**宗教的符號**

茅利塔尼亞的國旗上標誌著伊斯蘭教的新月及星星圖形。

其他像是東加王國的基督教（第169頁）、以色列的猶太教（第129頁）、尼泊爾的印度教（第143頁）及斯里蘭卡的佛教（第142頁），都有國家宗教信仰的符號。

國家重要的**歷史文物**

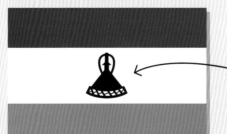

賴索托的國旗上（見第49頁）有一頂被稱為「mokorotlo」傳統草帽的圖形。

肯亞（第58頁）及吉爾吉斯（第138頁）的國旗上也有歷史文物。

帶有國家象徵意義的**植物**

加拿大的國旗上（見第14頁）有楓葉的標誌。

賽普勒斯（第125頁）及赤道幾內亞（第63頁）的國旗上也帶有國家象徵意義植物的圖案。

盾牌徽章

盾牌徽章是裝飾有標誌及格言的盾牌圖案，它也許代表一個國家、一片區域、一座城市、一代王朝或是一個貴族家庭。許多旗子的中央都有盾牌徽章，這些標誌也許代表著國家的歷史、創國理念、自然資源、產業、特有動物或是景觀。

徽章學

盾牌徽章的設計稱為徽章學。自貴族家庭統治歐洲開始，這種設計已經有大約1,000多年的歷史。戰場上的騎士在他們的衣服及盾牌上都有這樣的徽章設計，以便在戰場上辨識。這些標誌會傳承給後代，代表著榮譽與權力。歐洲的皇室家庭也有這樣的盾型紋章，所以這樣的徽章也代表著政府機關。

一名騎士在戰場用的盾牌及衣服上也帶有這樣的盾型紋章。

徽章學用語

雖然盾牌徽章的樣式五花八門，但是每個組成部分都有特定的名詞。

厄瓜多的徽章最頂端有一隻南美大禿鷹。

CREST 徽章頂
這種圖案會出現在紋章最頂端，盾牌的上方。

在哥斯大黎加的盾牌上有一個藍絲帶花環。

WREATH OR TORSE 徽章環
在盾牌上，徽章頂下，由布料交錯捲成的花環。

SHIELD 盾牌
盾型徽章上所呈現的圖形。

秘魯旗子上的盾牌輪廓是黃色的。

第一位使用盾牌徽章的中世紀騎士是說諾曼法語，所以在形容徽章顏色及特色時會使用法文。

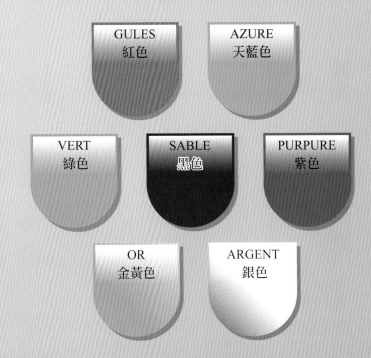

GULES 紅色	AZURE 天藍色

VERT 綠色	SABLE 黑色	PURPURE 紫色

OR 金黃色	ARGENT 銀色

SUPPORTERS 支撐物

支撐盾牌的物體。
也許是動物或人類。

南美國家蘇利南的標準總統徽章可以看到原住民支撐著盾牌。

SCROLL 捲軸

在盾牌上或盾牌下寫有格言的橫幅。

多明尼加共和國的國旗有一個標示國家名字的捲軸。

COMPARTMENT
間隔部分

撐起盾牌的底座。

海地旗子上可以看到撐起徽章的土丘圖形。

盾牌分類

這些是用在盾牌徽章上的幾何圖形，法文稱「Ordinaries」。這些圖形往右延伸至邊界，並將盾牌分成好幾部分。

FESS 橫條形

PALE 直條形

BEND 對角形

CHEVRON
V字形

CROSS 十字形

SALTIRE
X字形

CHIEF 頭目形

BORDURE
鑲邊形

PILE 倒三角形

北美及中美洲

美國

加拿大

美國

墨西哥

古巴

巴哈馬

貝里斯

海地

多明尼加共和國

牙買加

聖克里斯多福及尼維斯

瓜地馬拉

宏都拉斯

安地卡及巴布達

薩爾瓦多

多米尼克

聖露西亞

尼加拉瓜

聖文森及格瑞那丁

哥斯大黎加

格瑞那達

巴貝多

巴拿馬

千里達及托巴哥

加拿大

採用日期：1965年2月15日
比例：1：2
用途：國家和民用
設計說明：白色直條紋居中，兩側是紅色直條紋，中間還有一片紅色楓葉的圖案。

紅色象徵和英國的歷史關係。

白色象徵和法國的關係。

楓葉上的11個端點是加拿大國家認同及團結的象徵。

加拿大是世界第二大國家，面積涵蓋了北美洲的北部。1867年時，各自分離的殖民地合併，加拿大成為一個國家。第一批歐洲移民者主要來自法國和英國，也因此淵源，1921年國王喬治五世將紅色及白色定為加拿大的官方顏色。這兩種顏色和歐洲的關聯可以追溯至中世紀。十字軍東征時，軍隊衣物上帶有十字架以分辨他們的身分。原本法國軍隊帶有紅色十字架，英國軍隊是白色的，但是隨著時間一久，兩邊便互換了顏色。

美味的樹汁會由楓糖樹中被提煉出來，並製成糖漿。

加拿大是由十個省及三個地區（他們各自為政）組成的聯邦。每個區域都有屬於自己的旗子。

加拿大地區

▼ 西北地區

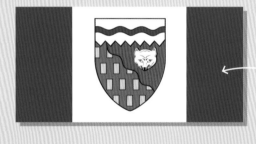

藍色及白色代表的是湖泊、河流及白雪。盾牌象徵著綠色森林、金礦、凍原帶（紅色部分）以及北極圈（白色部分）。

▼ 努納武特區

旗子上可以看到因紐特人的聖石紀念碑，以及代表長者領導力的北極星。

▼ 育空區

背景代表的是綠色森林、白雪及藍色的水。盾牌徽章則包括一隻阿拉斯加雪橇犬、柳蘭花、山脈、金礦及河流。

加拿大省分

▼ 亞伯達省

亞伯達省的盾牌徽章上可以看到小麥田、大草原、山麓丘陵、洛磯山脈以及英國紅白相間的聖喬治十字標幟。

▼ 新斯科細亞省

蘇格蘭的聖安德魯十字以及皇家軍隊圖案代表了這個省和蘇格蘭的歷史關係。

▼ 不列顛哥倫比亞省

不列顛哥倫比亞省的旗子上包括英國大不列顛的聯合旗、英國皇冠和在太平洋上閃耀的太陽。

▼ 安大略省

從安大略省的旗子圖案,可以看出和英國的關聯。旗子上還有代表加拿大的金色楓葉。

▼ 馬尼托巴省

英國聯合旗及聖喬治十字代表了加拿大馬尼托巴省和英國的歷史聯繫。盾牌徽章上則有一頭站在岩石上的水牛。

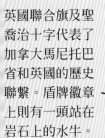

▼ 愛德華王子島

省旗上有一個種有英國大橡樹和三棵小樹苗的島嶼圖案,就位在代表英國愛德華王子的皇家金獅圖樣之下。這座島嶼也以這位王子來命名。他是維多利亞女王的父親。

▼ 新布藍茲維省

旗子上的船艦代表新布藍茲維省船隻建造的歷史。獅子則代表了該省和英國大不列顛及德國的歷史關係。

▼ 魁北克省

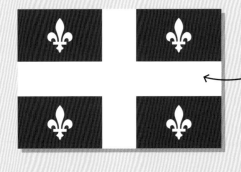

法式鳶尾花的圖樣,代表魁北克省和法國的關聯。法國皇家標誌的背景是藍色的。

▼ 紐芬蘭-拉布拉多省

旗子上的藍色代表海洋,白色代表雪,而紅色則代表當地人的勇敢與勤奮。黃色則代表對未來所展現的自信。

▼ 薩斯克徹溫省

背景顏色代表綠色田野及黃色穀物。旗子上還有一束小麥、一隻英國獅子以及一朵西式紅百合。

美國

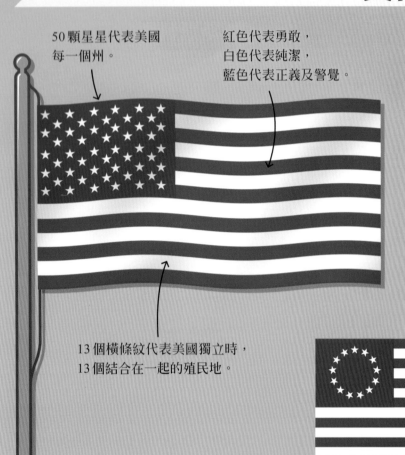

50顆星星代表美國每一個州。

紅色代表勇敢，
白色代表純潔，
藍色代表正義及警覺。

13個橫條紋代表美國獨立時，
13個結合在一起的殖民地。

採用日期：1960年
比例：10：19
用途：國家和民用
設計說明：13條紅白相間的橫條紋，左上角的藍色矩形內有50顆白色的星星。

美國國旗全世界聞名。有時候美國國旗又有「古老的榮耀」、「星條旗」或是「星條」的稱號。1777年第一次採用了這面旗子，不久之後，美國獨立。隨著新的州加入聯邦，國旗上的星星圖案也逐漸增加。當夏威夷在1960年變成美國的一州時，最新的星星圖案也在這時加上去。

貝特西·羅斯（Betsy Ross）旗是現今美國國旗最早的設計。在藍色背景上，有13顆白色星星所形成的圓形，代表原本的13個殖民地。

2009 年，為了歐巴馬總統就職，大批揮舞著美國旗的民眾聚集在華盛頓特區的美國國會大廈外

美國海外領地

美國有16個位在加勒比海及太平洋上的海外領地。
以下的旗子屬於有永久居住居民的五個海外領地。

▼ 關島

在藍紅相間的旗面中央可以看到關島美麗的海岸線。

▼ 北馬里亞納群島

代表美國的白色星星就位在傳統上用來建造島嶼房子的灰拿鐵色石頭上。花環代表的是島嶼上的花朵。

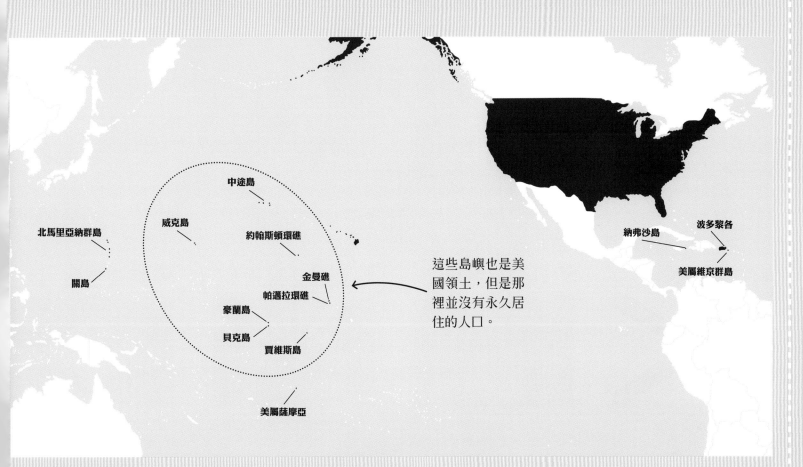

中途島
威克島
約翰斯頓環礁
金曼礁
帕邁拉環礁
豪蘭島
貝克島
賈維斯島
美屬薩摩亞
北馬里亞納群島
關島

這些島嶼也是美國領土，但是那裡並沒有永久居住的人口。

納弗沙島
波多黎各
美屬維京群島

▼ 美屬薩摩亞

一隻代表美國的禿鷹帶著一枝薩摩亞戰鬥用的棍棒（政府象徵）和一個抖動翅膀飛翔的動作（代表薩摩亞長者的智慧）。

▼ 波多黎各

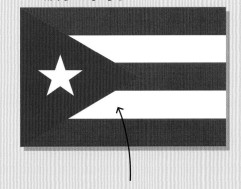

1952年官方正式採用這面旗子。這面旗子和古巴的國旗（見第27頁）很相似，但是三角形和長條紋的顏色是顛倒過來的。

▼ 美屬維京群島

美國禿鷹爪子上握著三把箭，代表島上三個主要的島嶼。另一隻爪子上則握著一根橄欖枝。

美國各州州旗

美國50個州都有各自的州旗，每面州旗也各自代表著每個州的特色。

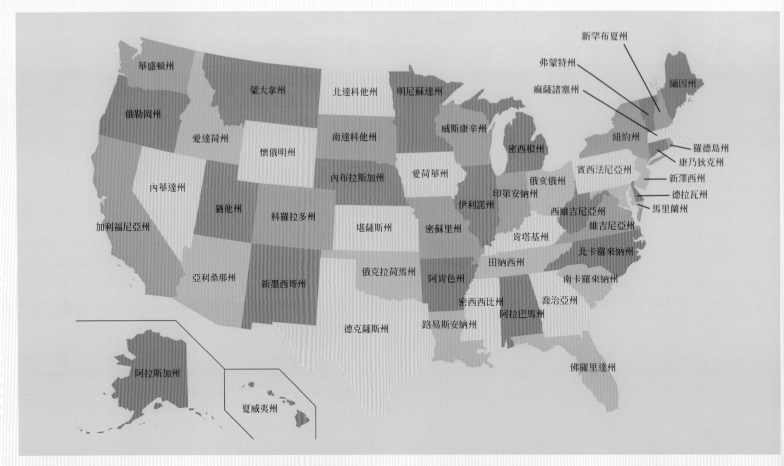

▼ 阿拉巴馬州

在白色的旗面上可以看到紅色的聖安德魯十字。這面旗子的設計和佛羅里達州的州旗很類似。也許反映了歷史關聯。

▼ 阿拉斯加州

這面旗子是1926年由一位年僅13歲的孤兒所設計的。特色是北極星和北斗七星的圖案，因為在阿拉斯加的上空可以看到這些星星。

▼ 亞利桑那州

紅色及黃色代表過去西班牙的統治。星星圖案則代表亞利桑那州的銅礦脈。

▼ 阿肯色州

白色小星星代表聯邦。底下三顆藍色星星則代表曾統治過阿肯色州的國家——西班牙、法國和現在的美國。

▼ 加利福尼亞州

灰熊和星星代表自由。1846年加州發生了熊旗叛亂，這場叛亂便是以上面的旗子來命名。這面旗子在1911年被採用為州旗。

▼ 科羅拉多州

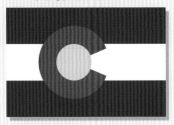

金色的球狀圖形代表科羅拉多州充沛的陽光。顏色設計上則和美國國旗相互輝映。

▼ 康乃狄克州

旗面上的盾牌有三株葡萄藤以及一句格言：「祂栽種（我們），亦養育（我們）」。

▼ 德拉瓦州

旗面上標示著德拉瓦州加入聯邦的日期。盾牌徽章上則展示了獨立戰爭時期的人民形象。

美國各州州旗

▼ 佛羅里達州

州旗上有著一個紅色聖安德魯十字及一枚佛羅里達州徽章。徽章上有太陽光芒、一株可可樹、一艘汽艇和一位美國原住民。

▼ 喬治亞州

在藍色的矩形上，喬治亞州的金色盾牌徽章就環繞在13顆白色星星裡。旗面上還有紅白相間的條紋。

▼ 夏威夷州

八個條紋代表夏威夷州的主要島嶼。旗面上的英國聯合旗則代表夏威夷和英國的關聯。

▼ 愛達荷州

位在旗面中央的愛達荷州徽章描繪著該州的景觀、礦區和一名代表平等、自由及正義的女性。

▼ 伊利諾州

在白色的背景上標示著伊利諾州的徽章。這個徽章上有一隻帶著美國盾牌，飛越伊利諾景色的禿鷹。

▼ 印第安納州

旗面上有一個將19顆星星融為一體的金色火炬。印第安納州是第19個加入美國聯邦的州。

▼ 愛荷華州

紅、白、藍色的州旗呼應著法國國旗。愛荷華州曾是法國的領地。禿鷹嘴上叼著一句格言：「珍視我們的自由，維護我們的權利」。

▼ 堪薩斯州

位在旗面中間的堪薩斯州徽章代表該州的景色和歷史。上面還有堪薩斯州的州花——太陽花。

▼ 肯塔基州

旗面上有肯塔基的州花——秋麒麟草和該州的州徽。州徽上有一名拓荒者、一位政治家和一句格言：「團結則生存、分裂則滅亡」。

▼ 路易斯安納州

路易斯安納州的象徵——代表保護和為他人利益自我犧牲的鵜鶘媽媽。

▼ 緬因州

緬因州的盾牌徽章有一隻位在松樹下的麋鹿、一位農夫和一名水手。北極星就位在格言「Dirigo」的上方，其意是「我來領導」。

▼ 馬里蘭州

有巴爾的摩（Baltimore）家族的徽章圖案。巴爾的摩勳爵是創立該州的一名英國貴族。

▼ 麻薩諸塞州

該州的盾牌徽章展示著一名一手拿弓，另一手握箭的美國原住民。箭指向下方代表和平。

▼ 密西根州

密西根州的盾牌徽章上有一處太陽冉冉升起的湖泊，兩旁則各有一隻駝鹿和麋鹿。徽章上還有一隻禿鷹以及一位手握槍，但是平靜地舉起手臂的男人。

▼ 明尼蘇達州

明尼蘇達州的州花——毛杓，環繞在該州代表風景及歷史的州徽上。

▼ 密西西比州

密西西比州的州旗結合了早期被稱為星條旗的美國南部聯邦旗的元素。旗上還有美國內戰中南部各州形成用來對抗北部各州的美利堅邦聯的南十字星旗。

美國各州州旗

▼ 密蘇里州

旗子的顏色令人聯想到法國國旗，因為密蘇里州曾是法國領土。該州的州徽上有兩隻代表力量和勇氣的灰熊。

▼ 蒙大拿州

旗子中央的徽章上有蒙大拿州的景色、一把犁、鋤頭和鏟子。西班牙語的格言「Oro y plata」代表了「金色與銀色」。

▼ 內布拉斯加州

旗子中央的金銀相間的州徽呈現了該州的景色和產業。圖案還包括了拿著鏈子的鐵匠、鐵砧、一艘汽艇和一捆捆小麥。

▼ 內華達州

星星代表內華達州，還可以看到州花——艾灌叢。旗子上的標語「從戰火中誕生的州（Battle Born）」指的是美國內戰期間的內華達州。

▼ 北卡羅來納州

旗子左側有該州的字母縮寫和兩個獨立戰爭期間跟該州有關的重要日期。

▼ 北達科他州

這面旗子曾是北達科他步兵團使用過的軍隊橫幅。這也是為什麼比起其他美國州旗，這面州旗形狀比較方正。

▼ 新罕布夏州

旗子上的州徽展示了一艘名為雷利號的美國海軍軍艦。這艘軍艦是在美國獨立戰爭期間，為了新罕布夏州的朴次茅斯美國海軍所建造。

▼ 新澤西州

旗子上的州徽展示著代表自由及農業的女神圖案。旗子上的淺黃色及藍色則代表了獨立戰爭期間所穿的制服。

▼ 新墨西哥州

旗子上有原住民齊亞人所使用的太陽符號。旗子的背景也使用了曾統治過這裡的西班牙的黃顏色。

▼ 紐約州

代表自由和正義的女神就站在旗子的盾牌徽章上。手握柱桿的自由女神頭戴著佛里幾亞無邊便帽（見第23頁），腳邊則擺放著一頂英國皇冠。

▼ 俄亥俄州

這面三角形狀的州旗是根據美國內戰的騎兵旗所設計。旗子上有17顆星星，因為俄亥俄州是第17個加入美國聯邦的州。

▼ 俄克拉荷馬州

旗子上可以看到傳統的歐賽奇美州原住民部落的水牛皮盾牌圖案，以及代表和平的儀式性音管和一株橄欖枝。

▼ 俄勒岡州

旗子的正面是一個金色州徽，但是背面是一隻金色的海狸。這是美國州旗裡唯一有兩面不同的設計。

▼ 賓夕法尼亞州

兩頭馬支撐著該州的盾牌徽章。盾牌裡有一艘船、一把犁和三捆金色小麥。

▼ 羅德島州

旗子上的錨代表希望。上面有13顆金星，因為羅德島州是第13個正式簽署美國憲法的州。

▼ 南卡羅來納州

美國矮棕櫚是南卡羅來納州的州樹。旗子上的藍色及新月則是美國獨立戰爭期間民兵制服的特色。

美國各州州旗

▼ 南達科他州

南達科他州的徽章上有該州的風景及產業圖案。圍繞在徽章的周圍則是太陽的光芒、州名以及拉什莫爾山的字眼。

▼ 田納西州

旗子上的三顆星星代表田納西州的東部、中部及西部。它們被統一放在藍色的圈圈裡。顏色設計上則和美國國旗一樣。

▼ 德克薩斯州

州旗的顏色和美國國旗的顏色一樣，但是只有一顆代表德州的星星圖案。「孤星旗」可以追溯至當德州還是一個被稱為德州共和國的個別國家時。

▼ 猶他州

旗子中央有一個蜂窩（猶他州的暱稱是蜂窩之州）。美蓮百合則是代表和平。

▼ 弗蒙特州

弗蒙特州的盾牌徽章上有代表森林的長松葉。母牛及一捆捆的小麥代表了農業；一頭鹿則代表野生生物。

▼ 維吉尼亞州

州旗上的徽章代表自由戰勝暴政。這可以追溯到美國內戰時期。

▼ 華盛頓州

唯一一州的州旗是綠色的。美國第一任總統喬治·華盛頓就位在旗面中央。

▼ 西維吉尼亞州

西維吉尼亞州的州花——杜鵑花圈就在盾牌徽章下方。盾牌徽章上則有一名礦工、農夫及一塊標示該州成為美國聯邦日期的巨石。

▼ 威斯康辛州

盾牌徽章的兩側各自站了一名礦工及水手。徽章上則有生產製造用的工具及威斯康辛州特有的動物——獾。鉛塊圖案則代表該州的礦產。

▼ 懷俄明州

白色水牛圖案上有農夫與礦脈的盾牌徽章。徽章上也印有「石油、礦脈、家畜、穀物（oil、mines、livestock、grain）」的字眼。

墨西哥

採用日期：1968年

比例：4：7

用途：國家和民用

設計說明：綠、白、紅色三種直條紋，中間是墨西哥市的市徽。市徽上有一隻叼著蛇的老鷹停在仙人掌上。

中間是阿茲提克時期用來代表特諾奇提特蘭市，也就是現在墨西哥市的圖案。

根據阿茲提克的神話，有人看到一隻叼著蛇的老鷹停留在仙人掌上，這個地方也就是特諾奇提特蘭市建造的地方。

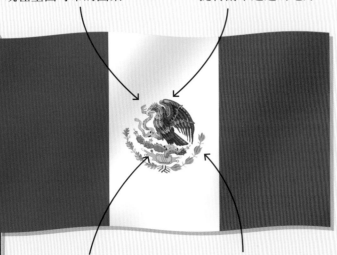

湖泊及島嶼代表特諾奇提特蘭市。這座阿茲提克時期的首都就建在特斯科科湖中的一座島嶼上。

下面的彩帶綁著一株橡樹和月桂枝，象徵力量及勝利。

在阿茲提克的傳說裡，戰神維齊洛波奇特利（Huitzilopochtil）傳來一個訊息，以一個叼著蛇的老鷹停歇在仙人掌上的意象告訴祂的子民：他們應該在那個地點建造一座城市。這座城市後來成為阿茲提克人的首都。西元1300～1521年，他們統治著這座城市，直到墨西哥被西班牙人所占領。1822年墨西哥獨立，並在國旗上採用象徵國家的綠色、紅色及白色。

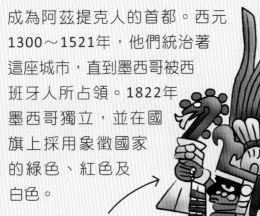

維齊洛波奇特利是傳說中阿茲提克的太陽神及戰神。祂常常以一隻老鷹叼著一條蛇的形象出現。

貝里斯

採用日期：1981年

比例：2：3

用途：國家和政府

設計說明：寬的藍橫條，上下有紅色邊框。中間是貝里斯的盾牌徽章，展示著兩名木工及一棵桃花心木。

其中一名木工拿著斧頭，另一名拿著划槳。他們分別代表伐木及造船。

桃花心木位在盾牌後。盾牌上展示著伐木的工具及一艘船隻。利用桃花心木來造船曾是貝里斯主要的工業。

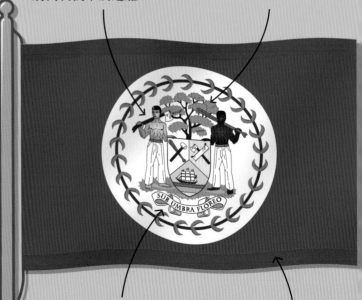

「Sub umbra floreo」這句格言的意思是「在陰暗處繁盛」，所指的是貝里斯茂盛的雨林。

藍色及紅色代表貝里斯的政黨。

貝里斯曾被稱為英屬宏都拉斯，由英國統治。旗子上50片葉子所組成的圓圈代表1950年聯合人民黨創立的時間。這個團體為貝里斯尋求獨立，並最終掌握政權。

桃花心木是貝里斯的國樹。它可以長到超過30.5公尺高。和其他周圍的樹木相比，算是高人一等。

瓜地馬拉

採用日期：1871年

比例：5：8

用途：國家和政府

設計說明：藍、白色三直條紋，中間是瓜地馬拉的盾牌徽章。徽章上是一隻鳳尾綠咬鵑。

鳳尾綠咬鵑是自由的象徵。這隻鳥就站在標有瓜地馬拉脫離西班牙獨立日旗的捲軸上。

月桂花圈代表勝利。

來福步槍代表瓜地馬拉爭取獨立的歷史，而刀劍則代表榮耀。

瓜地馬拉有著被西班牙統治及後來發生內戰的歷史。旗子上的盾牌徽章代表他們在未來抵禦攻擊的意志力以及過去為自由而奮鬥的驕傲。旗子上藍色的條紋本來是根據阿根廷的國旗設計，但是也代表著國土兩邊所面臨的大西洋和加勒比海。

在瓜地馬拉的硬幣及旗子上，我們可以看到美麗並帶著長尾羽毛的鳳尾綠咬鵑。

薩爾瓦多

採用日期：1912年

比例：3：5

用途：國家和政府

設計說明：上下兩條藍色橫條紋，中間的白條紋上有薩爾瓦多的盾牌徽章。徽章上則標示著這個國家的格言和名稱。

徽章上的三角形圖案代表平等。

三角圖案裡有五座火山，代表政治上曾經結合在一起的中美洲的五個區域。

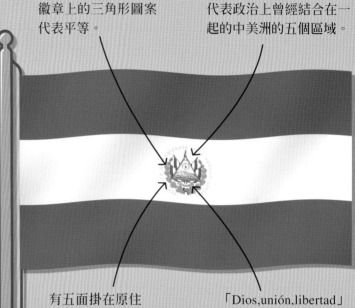

有五面掛在原住民勇士矛槍上的旗子。

「Dios,unión,libertad」標語的意思是「上帝，團結與自由」。

薩爾瓦多的旗子充滿了許多涵義。這面旗子紀念了薩爾瓦多還是中美洲的一個聯合省分，之後分裂成五個不同國家的時期（見第24頁）。徽章裡有一頂掛在旗桿上的紅色帽子，這是一頂自由之帽，又稱佛里幾亞無邊便帽。在歐洲，這是一頂代表共和式獨立的軟質三角帽，來源自古羅馬被解放的奴隸頭頂上所戴的軟帽。這種帽子通常是紅色的。

從古代開始，人們就開始戴佛里幾亞無邊便帽。18世紀法國大革命期間，可以看到人們戴著像圖中所展示的這種紅帽。在中美洲，這種帽子變成脫離西班牙獨立的象徵。

宏都拉斯

採用日期：1866年
比例：1：2
用途：國家和民用
設計說明：白色橫條紋在兩條藍色橫條紋中間。旗子中間有五顆藍色星星。

旗子上的五顆星星代表曾經聯合的中美洲五個省分，現在卻是分裂的五個國家。

1821年當中美洲國家脫離西班牙獨立時，這些國家在1823年時聯合，形成了中美洲聯合省。但是之後發生了戰爭，便分裂成五個國家，分別是──宏都拉斯、瓜地馬拉、薩爾瓦多、哥斯大黎加和尼加拉瓜。這些國家舊式的藍白相間國旗都呼應著聯合省這個組織。

為了慶祝脫離西班牙獨立186週年，學童們拿著宏都拉斯、尼加拉瓜、瓜地馬拉、自家學校、哥斯大黎加以及薩爾瓦多的國旗。

宏都拉斯一直保有中美聯合省時期的藍白相間條紋旗。

尼加拉瓜

採用日期：1908年
比例：3：5
用途：國家和民用
設計說明：白色條紋在兩條藍色條紋中間。旗子中間是尼加拉瓜的盾牌徽章；環繞徽章的是用金色字母組成的國家名字。

藍白相間的條紋讓人想起，尼加拉瓜曾經是中美聯合省的其中一部分。

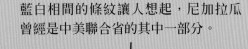

尼加拉瓜的國旗和舊聯合省的旗子相互輝映。但是現在人們比較喜歡從藍白相間的條紋旗裡找尋新的意義。對他們來說，藍色條紋代表太平洋和加勒比海，而白色則代表和平。海洋的意象也出現在徽章中。

尼加拉瓜的徽章裡，中間有一頂佛里幾亞無邊便帽（見第23頁）。

彩虹及太陽光芒代表著對美好未來的希望。

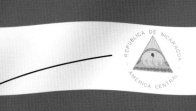

尼加拉瓜有19座活火山。這裡的五座火山代表過去聯合省裡的五個國家。

哥斯大黎加

採用日期：1998年
比例：3：5
用途：國家和政府
設計說明：旗子上有五條藍色、白色及紅色的橫條紋，紅色是最寬的條紋。國家的盾牌徽章就在白色橢圓形的圖案裡。

藍白相間的條紋來自過去聯合省的旗子。

增加的紅條紋呼應了法國大革命的理念，也就是獨立及推翻獨裁。

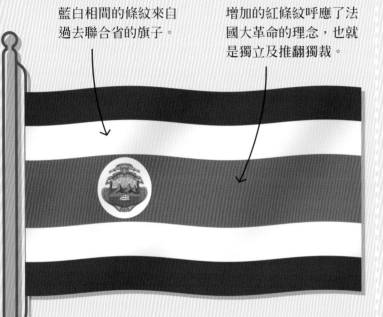

哥斯大黎加國旗上的盾牌徽章告訴我們很多關於這個國家的故事。冒煙的火山代表三個最大的山脈，底下還有平原；兩個海洋，分別是加勒比海和太平洋；七顆星代表這個國家的七個省分，船隻則代表港口。

旗子上有一個醒目的徽章，展現了這個國家的自然美景。

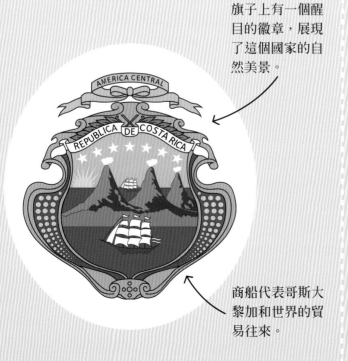

商船代表哥斯大黎加和世界的貿易往來。

巴拿馬

採用日期：1904年
比例：2：3
用途：國家和民用
設計說明：旗子分成四等分，有兩等分是白色、一等分是藍色、另一等分是紅色。白色的區塊上可以看到藍色及紅色的星星。

白色象徵和平。

國旗設計時，藍色及紅色代表的是巴拿馬主要的政黨。

與許多國家一樣，巴拿馬也有國旗日。11月4日是國定假日，為了慶祝巴拿馬脫離哥倫比亞獨立並採用新的國旗。這一天有許多遊行和慶祝活動，到處可見國旗飄揚。

國家的傳統服飾顏色和國旗相襯。

牙買加

採用日期：1962年

比例：1：2

用途：國家和民用

設計說明：金色的對角十字將旗子分割成四個三角形，上下是綠色的，左右則是黑色的。

加勒比海的牙買加島以海灘、山脈及雨林而聞名。就連國旗也很有名，經常可看到全世界的運動選手和音樂家穿戴如牙買加國旗上鮮豔的顏色。國旗採用的日期是1962年8月6日牙買加的獨立日。

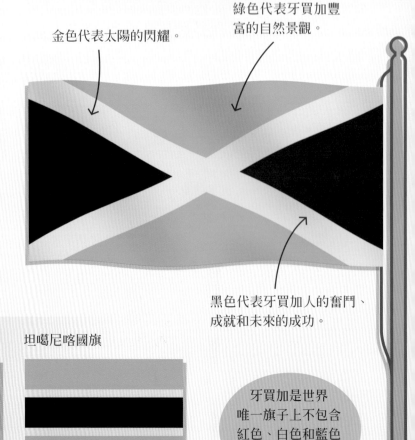

金色代表太陽的閃耀。

綠色代表牙買加豐富的自然景觀。

黑色代表牙買加人的奮鬥、成就和未來的成功。

一開始設計牙買加國旗時，原本是五條綠、黃、黑、黃、綠色相間的直條紋。然後有人發現這樣會和坦噶尼喀（有一部分是現在的坦尚尼亞）的新國旗很類似，所以決定要有所區別。

牙買加國旗的設計提議

坦噶尼喀國旗

牙買加是世界唯一旗子上不包含紅色、白色和藍色的國家。

在他們的國家運動服上可以看到牙買加的國旗顏色，就像百米和兩百米短跑世界紀錄保持人尤塞恩‧博特（Usain Bolt）身上穿的一樣。

古巴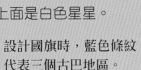

採用日期：1902年
比例：1：2
用途：國家和民用
設計說明：旗子上有五條藍白相間窄條紋。左側有一個紅色三角形，上面是白色星星。

設計國旗時，藍色條紋代表三個古巴地區。

白色條紋代表純潔。

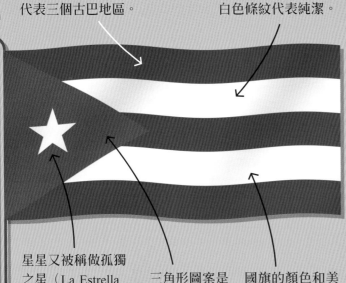

星星又被稱做孤獨之星（La Estrella Solitaria）。

三角形圖案是平等的象徵。

國旗的顏色和美國國旗相呼應。

這個版本的國旗第一次出現在1849年，當古巴試圖從西班牙脫離並獲得獨立時，由一位流亡並生活在美國的古巴詩人所設計。你可以看到這面國旗和美國的星條旗相互呼應。但是直到1902年，當人們舉起這面國旗，象徵古巴脫離美國獨立時，這面國旗才正式被採用。美國在1898年時，奪取了這座島嶼的控制權。

1959年，共產黨的領袖菲德爾·卡斯楚（Fidel Castro）接管古巴。他戴的帽子很出名，上面有代表古巴的星星。

巴哈馬

採用日期：1973年
比例：1：2
用途：國家
設計說明：旗子上下是海藍色的橫條紋，中間則有一條黃色條紋。左側是黑色三角圖形。

藍色條紋代表加勒比海。

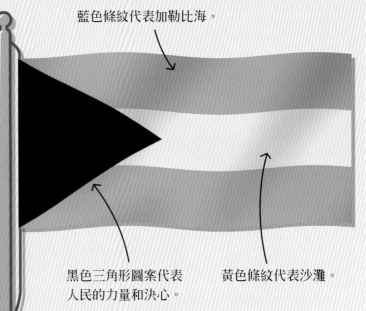

黑色三角形圖案代表人民的力量和決心。

黃色條紋代表沙灘。

巴哈馬的700座島嶼曾是海盜出沒的地方（見第28頁）。1783年時被英國人接管，直到1973年獨立。這些島嶼以海灘及波光粼粼的大海而聞名，也反映在國旗上。

許多船隻及遊艇會在巴哈馬註冊。他們會掛上紅白交錯，一角有國旗標誌的民用艦旗。民用艦旗是另一種表示非軍方船隻的國旗版本。

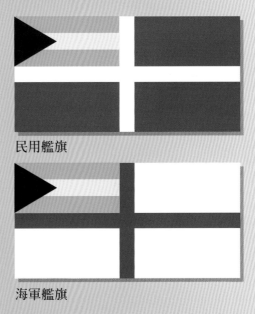

民用艦旗

海軍艦旗

海盜旗

歷史上，最有名的旗子莫過於海盜旗，
同時也是旗子能發送強烈訊息的最好例子。

黃金時期海盜旗

在17～18世紀之間，海盜橫行在加勒比海和北美大西洋東南海岸之間。這個時代被稱為海盜黃金時期。他們就如同好萊塢電影裡有名的那種海盜，試圖掠奪任何一艘所發現帶有昂貴物品的船隻。當靠近船隻時，海盜們會揮舞著可怕的旗子，奉勸船員不戰投降。旗子上的圖案是用來恐嚇那些抵抗的人。說起海盜旗，我們常常會想到黑旗上的骷髏圖，但是每個海盜船長都有屬於自己的設計。

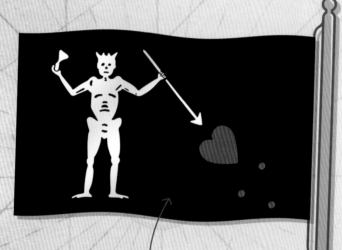

英國黑鬍子海盜的旗子標示著一個握著沙漏的骷髏。這發送了一個訊息：「你所剩時間不多，投降或受死！」

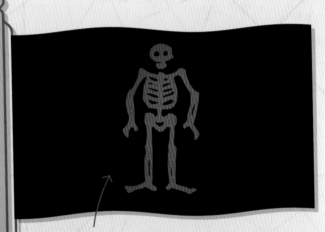

殘酷無情的海盜愛德華・洛（Edward Low）使用了黑旗畫有血紅色骷髏的海盜旗。

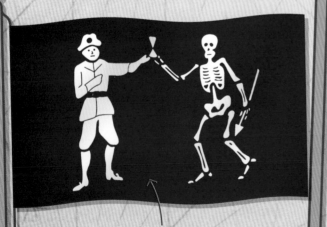

海盜船長巴茲・羅伯茨（Bart Roberts）的旗子展現了不畏懼死亡的精神。他的海盜旗是他和一具骷髏共舉沙漏的圖案。

白棉布傑克海盜的旗子有一個骷髏頭和兩把可怕的刀子。

中國海盜旗

17～19世紀間，中國海盜橫行在中國南海。他們在指揮官的帶領下，成群結隊的航行海上，而且井井有條，每個艦隊的中隊都會懸掛不同的旗子；有時懸掛的旗子，上面會畫有掌管海洋並會帶來好運的神明。中國最有名的海盜之一是一名女性——鄭氏。她指揮了一個由8萬名男性所組成的艦隊。她的船隻會懸掛紅旗，所以又有紅旗艦隊之稱。

欺敵的顏色

有時候海盜會懸掛欺敵的旗子（法文又稱Ruse De Guerre）來假裝友善。當船隻靠的夠近可以發動攻擊時，他們便會換上自家的海盜旗，讓敵人無所防備。

海盜骷髏黑旗

所有海盜旗中最有名的應該是海盜骷髏黑旗（The Jolly Roger）。這個名字來自法文「jolie rouge」，意思是「紅通通」。這是一個殘忍的笑話，因為紅色意指死亡。在它變成海盜旗上的圖案前，海盜骷髏旗是純黑或是一片紅旗。海盜揮舞著黑旗，象徵要求對方投降，然後換上紅旗，用來下通牒敵人投降太晚，無人可倖免。這個名字也來自英國一句名叫老惡魔羅傑（Old Roger）的俗諺。

海盜骷髏黑旗。

海地

採用日期: 1986年
比例: 3:5
用途: 國家和政府
設計說明: 有藍、紅色橫條紋。中間的白色區塊上有一個國家的盾牌徽章。

海地的第一面國旗出現在1803年爭取脫離法國獨立期間。該國旗主要是以法國三色旗為依據,但是拿掉了白色條紋,只留下代表海地人民的藍色及紅色條紋。現在的國旗是1957到1986年期間,海地被杜瓦利埃(Duvalier)王朝所統治前的歷史旗子。徽章上有海軍的意象,代表海地在加勒比海的位置。下方的捲軸則用法文寫著「L'union fait la force」(團結就是力量)。

棕櫚樹上有一頂自由之帽(見第23頁)。

盾牌徽章上有來福步槍、大砲及小斧頭,代表爭取自由。

17世紀時,海盜在海地的海岸及島嶼神出鬼沒。

旗子上的藍色和紅色條紋來自法國的三色旗。

多明尼加共和國

採用日期: 1844年
比例: 2:3
用途: 國家和政府
設計說明: 白色十字將旗子分為四等分。有兩等分各為紅色與藍色,中間則是國家的盾牌徽章。

多山的多明尼加共和國占有伊斯帕紐拉島嶼的三分之二,海地則占有剩下的部分。1844年脫離海地獨立時採用了該旗。

白色十字象徵基督教的信仰。

藍色及紅色的部分則來自於鄰國海地。

盾牌徽章上有一本打開的聖經及棕櫚樹和月桂樹的窄長葉子。

國家的格言:「Dios, patria, libertad」是「上帝、家園、自由」。這句格言和基督教符號就出現在國旗上。

綠色象徵肥沃的土地。

星星代表希望及自由。

聖克里斯多福及尼維斯

採用日期： 1983年
比例： 2：3
用途： 國家和民用
設計說明： 金色鑲邊的黑色對角條紋將國旗分成綠、紅色兩個三角形。黑色條紋上有兩顆白色星星。

加勒比海的聖克里斯多福及尼維斯島在1983年脫離英國獨立。為了設計新國旗便舉辦了比賽，最後由一名叫做艾德斯‧路易絲（Edrice Lewis）的學生贏得了比賽。

黑色代表這個國家的非洲文化遺產。

黃色代表太陽。

紅色代表爭取自由。

尼維斯島也有自己的旗子。國旗的圖案位在一個角落；背景是代表陽光的黃色；綠色、藍色和白色的三角圖案則代表了尼維斯山的山峰。

安地卡及巴布達

採用日期： 1967年
比例： 2：3
用途： 國家和民用
設計說明： 旗子上白色三角圖案和藍色條紋居中，兩側是紅色三角形。藍色條紋上面有個在黑夜中升起的黃色日出。

1981年安地卡及巴布達脫離英國獨立，兩座島嶼成為一個國家。國旗於1967年啟用，為當地人所舉辦的設計比賽中一名贏家所設計的。國旗上的陽光及大海讓人想起這個國家地處加勒比海的位置。

國旗中的V字形代表勝利。

黑色代表非洲的文化遺產。

藍色象徵海洋。

紅色代表人民的成就與活力。

白色象徵希望。

安地卡有溫暖的氣候及365座島嶼，剛好跟一年的天數一樣。也難怪國旗上有太陽的圖案。

多米尼克

採用日期：1978年
比例：1：2
用途：國家和民用
設計說明：黃色、黑色及白色的十字將國旗分成四個綠色的等分。中間紅色圈圈裡面則是一隻帝鸚鵡和十顆綠色星星。

帝鸚鵡是多米尼克的國鳥。

十顆星星代表多米尼克的十個行政教區。

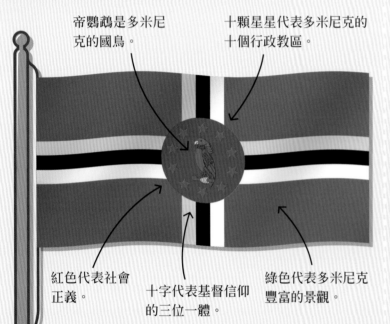

紅色代表社會正義。

十字代表基督信仰的三位一體。

綠色代表多米尼克豐富的景觀。

多米尼克國旗的顏色代表了加勒比海島上有純淨的海水（白色）、肥沃的土壤（黑色）和雨林（綠色）。黃色代表島上的原始住民。國旗中間的帝鸚鵡是多米尼克的獨有生物。當1978年這座島嶼脫離英國獨立，這隻鸚鵡便成為代表這個國家的理想象徵。

帝鸚鵡品種很稀有。事實上，現在這種鸚鵡的數量少到幾乎面臨嚴重滅絕的危機。

聖露西亞

採用日期：1967年
比例：1：2
用途：國家和民用
設計說明：藍色的背景上有兩個由黑色、黃色及白色組成的山脈圖案。

藍色代表環繞這座島嶼的加勒比海。

兩座山是島上兩個被稱為皮頓斯（Pitons）的高峰。

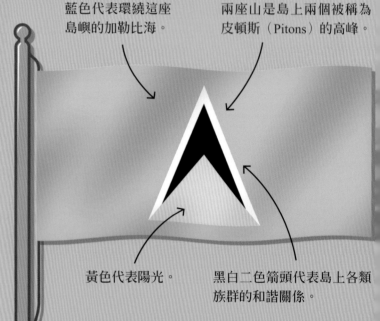

黃色代表陽光。

黑白二色箭頭代表島上各類族群的和諧關係。

位於加勒比海上的島嶼聖露西亞有被法國和英國統治的歷史，但在1967年獲得國內事務的控制權，並為新國旗舉辦了設計比賽。當地藝術家頓斯坦‧聖奧瑪（Dunstan St Omar）以島嶼著名地標的火山椎意象贏得了比賽。之後在1979年獲得完全的獨立。

大皮頓斯山和小皮頓斯山是兩個出現在國旗上的連體火山椎。

聖文森及格瑞那丁

藍色代表天空。

黃色代表陽光。

綠色象徵島嶼豐富的景觀。

V字形的鑽石代表聖文森。

鑽石則代表島嶼的暱稱——安地列斯的瑰寶。

採用日期：1985年
比例：2：3
用途：國家和民用
設計說明：黃色直條紋的中間有三顆綠色的鑽石。兩側則是狹長的綠色及藍色直條紋。

聖文森及格瑞那丁是由32座島嶼所組成，其中最大的島嶼叫做聖文森島。該國位於加勒比海上較大的島鏈上（安地列斯群島）。這裡以美麗的白沙灘和豐富的景觀而聞名，有著「安地列斯的瑰寶」的美譽，國旗上的鑽石就是代表這個意思。

當聖文森及格瑞那丁在1979年獲得獨立時，國旗上本來有島嶼的盾牌徽章和麵包果葉。但是從遠方很難辨識，所以六年後便由現在的鑽石設計所取代。

一處恬靜的海灘就位於安地列斯瑰寶其中之一的貝克衛島上。這座島是格瑞那丁的第二大島。

巴貝多

採用日期：1966年
比例：2：3
用途：國家和民用
設計說明：兩條藍色直條紋的中間是一條黃色直條紋。中間有個三叉戟的頂端。

藍色象徵海洋。　　　　金色象徵海灘。

三叉戟頂端有破碎的軸桿，呈現出島嶼脫離前殖民的統治。

1966年，巴貝多島脫離英國獨立。之前的國旗有一位手握三叉戟的不列顛尼亞神（Britannia），但是新國旗則只有一把破碎的三叉戟，這是一名在全國新國旗設計比賽中的贏家所設計的。三叉戟是巴貝多重要的象徵，也是國家板球隊的名字。

三叉戟的三支長箭頭也是羅馬海神尼普頓的象徵。巴貝多的十塊硬幣上也標示著握著三叉戟的海神。

格瑞那達

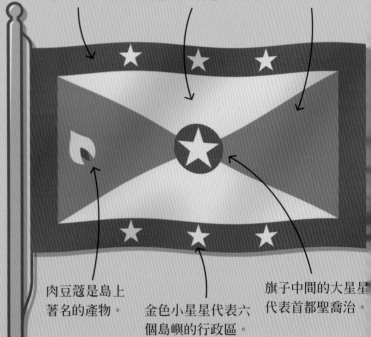

採用日期：1974年
比例：3：5
用途：國家和民用
設計說明：旗子的上下是兩個黃色三角形，左右是兩個綠色三角形，中間則是一顆黃色的星星在紅色的圈圈上。豆蔻核仁的圖形位在左邊的綠色三角裡。紅色的邊框有六顆金色小星星，三顆在上，三顆在下。

紅色代表勇氣。　黃色代表智慧和陽光。　綠色代表豐富的景觀。

肉豆蔻是島上著名的產物。　金色小星星代表六個島嶼的行政區。　旗子中間的大星星代表首都聖喬治。

位在加勒比海東南方的格瑞那達又被稱為香料之島。這裡是全世界最大的豆蔻核仁和荳蔻皮的輸出地，所以荳蔻核仁才會出現在國旗上。新國旗是1974年格瑞那達脫離英國獨立時所採用的。

荳蔻核仁是長在島上肉豆蔻樹的種子。荳蔻皮則是裹在種子外的一層蕾絲般的紅色外皮。

千里達及托巴哥

紅色代表這個國家的人民
以及溫暖的太陽。

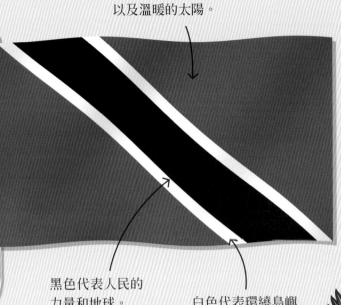

採用日期：1962年
比例：3：5
用途：國家和民用
設計說明：紅色的背景上有一條
邊框是白色的黑色對角條紋。

就像許多國旗一樣，這個國家國旗的顏色也同時代
表很多事物。例如，白色據說不但代表海洋，也代
表純潔和人人平等。這面
國旗是由千里達的藝
術家卡里斯勒・張
（Carlisle Chang）所
設計的。1962年脫離
英國獨立時啟用。

黑色代表人民的
力量和地球。

白色代表環繞島嶼
的清澈海洋。

千里達及托巴哥的總統有自己
專屬的旗子。旗子上則有代表
這個島嶼的盾牌徽章。徽章上
可見當地的鳥類和1498年探險
家哥倫布抵達的船隻。

TOGETHER WE ASPIRE   TOGETHER WE ACHIEVE

勞工節週末舉辦的加勒比海嘉年華期間，可以看到紐約布魯克林區到
邨是加勒比海的國旗。這是加勒比海移民帶到紐約的傳統之一。

南美洲

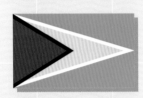

蓋亞那

委內瑞拉

蘇利南

法屬圭亞那
（法國海外領地，見第89頁）

哥倫比亞

厄瓜多

秘魯

巴西

玻利維亞

巴拉圭

智利

阿根廷

烏拉圭

法屬圭亞那
（法國海外領地，見第89頁）

蘇利南

採用日期：1975年

比例：2：3

用途：國家和民用

設計說明：綠色的背景上有一條帶有白色邊框的紅色橫條紋。

蘇利南是南美洲最小的國家。國旗是1975年脫離荷蘭獨立時所設計的。那時，國旗顏色的選擇代表的是國家的政治團體，但是現在則被賦予新的意義。綠色代表肥沃的自然景觀，紅色則代表未來的希望與和平。

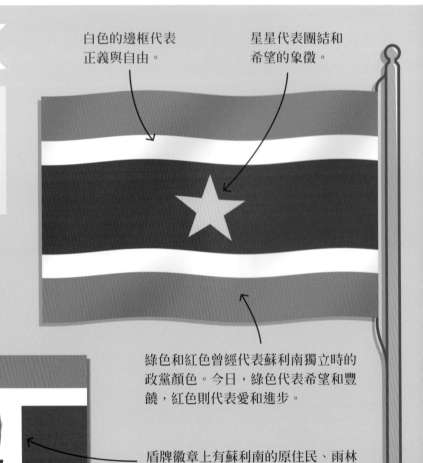

白色的邊框代表正義與自由。

星星代表團結和希望的象徵。

綠色和紅色曾經代表蘇利南獨立時的政黨顏色。今日，綠色代表希望和豐饒，紅色則代表愛和進步。

盾牌徽章上有蘇利南的原住民、雨林和過去的商船。中間的星星代表來自五大洲，住在蘇利南的人民。

蘇利南總統有一面帶有國家盾牌徽章的官方旗子。

蓋亞那

採用日期：1966年

比例：3：5

用途：國家和民用

設計說明：金色的箭頭圖形上有一個由黑色邊框區隔開來的紅色三角形。白色的邊框則區隔出金色的箭頭圖形和綠色的背景。

蓋亞那的國旗以金色的箭頭聞名，是在1966年脫離英國獨立時啟用。圍繞在箭頭圖形的顏色是之後加上去的，代表人民的耐力（黑色）和國家的河流（白色）。

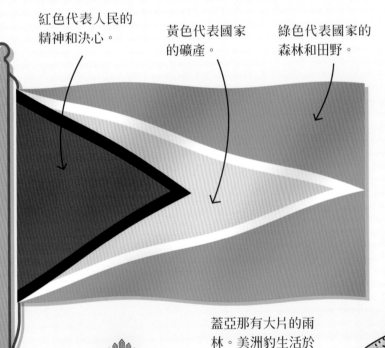

紅色代表人民的精神和決心。

黃色代表國家的礦產。

綠色代表國家的森林和田野。

蓋亞那有大片的雨林。美洲豹生活於此，並出現在國家的盾牌徽章上。

ONE PEOPLE ONE NATION ONE DESTINY

委內瑞拉

國旗上有三種主要顏色——黃、藍、紅。黃色據說也代表國家的富有。

藍色象徵海洋。

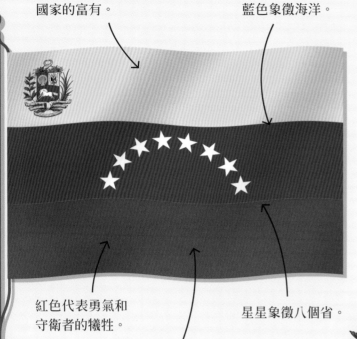

紅色代表勇氣和守衛者的犧牲。

星星象徵八個省。

這些顏色也出現在哥倫比亞和厄瓜多的國旗上。這兩個國家曾和委內瑞拉在1819年至1831年期間一起被稱為大哥倫比亞。

採用日期： 2006年
比例： 2：3
用途： 國家和民用
設計說明： 黃色、藍色、紅色三種橫條紋以及八顆白色的星星。

委內瑞拉國旗上黃、藍、紅條紋的基本設計，來自19世紀獨立抗爭期間，一名革命領導人法蘭西斯柯·米蘭達（Francisco de Miranda）之手。此後，國旗的設計經歷了幾次變動，包括加上代表國家省分的七顆星星以及盾牌徽章。2006年，國旗上加上第八顆星，代表具有歷史意義的蓋亞那省。

委內瑞拉的盾牌徽章有時候會出現在國旗上。盾牌徽章上有一隻代表自由的奔馳白野馬、代表國家財富的一束束小麥以及象徵獨立戰爭的武器。

哥倫比亞

採用日期： 1861年
比例： 2：3
用途： 國家
設計說明： 上半部分是一塊粗厚的黃色橫條紋。藍色和紅色橫條紋則在下半部分。

哥倫比亞是以探險家哥倫布來命名，他是第一位主張將哥倫比亞納入西班牙的人。1819年當哥倫比亞脫離西班牙獨立，便以反抗軍攜帶的旗子作為新國旗的設計基礎。現在國旗上的顏色則有不同的象徵意義：

黃色＝黃金、主權、正義或是自由。
藍色＝海洋、忠誠、崇高、平等或是警惕。
紅色＝鮮血、勇敢、犧牲或是榮耀。

國旗的顏色來自西蒙·波利瓦爾（Simón Bolívar）所領導的反抗軍軍旗。他所率領的軍隊為哥倫比亞從西班牙手中爭取到獨立。

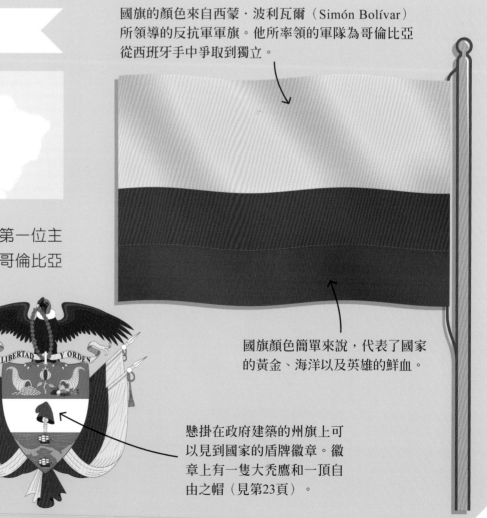

國旗顏色簡單來說，代表了國家的黃金、海洋以及英雄的鮮血。

懸掛在政府建築的州旗上可以見到國家的盾牌徽章。徽章上有一隻大禿鷹和一頂自由之帽（見第23頁）。

厄瓜多

採用日期：1860年
比例：2：3
用途：國家
設計說明：有一條寬大的黃色橫條紋和二條狹窄的藍色和紅色橫條紋。中間是國家的盾牌徽章。

安地斯南美大禿鷹在盾牌徽章上飛翔（1900年才加上去），代表勇氣和自由。

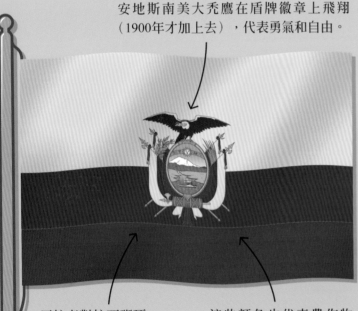

反抗者對抗西班牙時使用了黃色、藍色和紅色。

這些顏色也代表農作物（黃色）、獨立（藍色）和勇氣（紅色）。

厄瓜多的國旗顏色和哥倫比亞及委內瑞拉一樣，都反映了它們曾屬於大哥倫比亞的共同歷史。厄瓜多是世界上生物多樣性的國家之一，有特別多種類的動植物，這可以藉由國旗中間盾牌徽章上醒目的南美大禿鷹來說明。國旗上其他有趣的點包括安地斯山脈最高的山—欽波拉索山、圭亞河上的一艘蒸汽船。

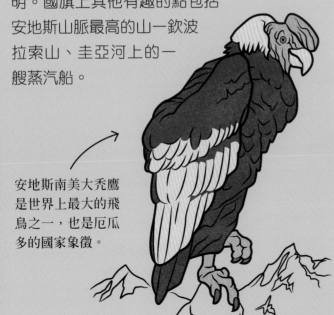

安地斯南美大禿鷹是世界上最大的飛鳥之一，也是厄瓜多的國家象徵。

秘魯

採用日期：1825年
比例：2：3
用途：國家
設計說明：一條白色的直條紋隔開兩條紅色直條紋，中間則是國家的盾牌徽章。

盾牌徽章上有一隻秘魯的國寶——南美原駝。

徽章上有一棵金雞納樹和代表豐饒的羊角雕刻。

國旗上的紅色和白色來自秘魯的自由鬥士。它們也代表了和平（白色）、勇氣（紅色）和印加帝國。

當秘魯在19世紀脫離西班牙獨立時，解放軍就舉著紅白相間的旗子，這些顏色也代表了印加帝國。在西班牙人來此之前，印加帝國曾經統治過這個區域。國旗上的盾牌徽章也出現在所有秘魯的硬幣上。

國旗上有一個羊角圖案，羊角裡常常填滿花朵、水果和穀物，代表了富裕和豐饒。許多國旗上也可以見到這個圖案。

玻利維亞

採用日期：1851年
比例：15：22
用途：國家和民用
設計說明：三條紅色、黃色及綠色橫條紋。中間有國家的盾牌徽章。

紅色代表勇氣和力量。　黃色象徵國家的礦產。

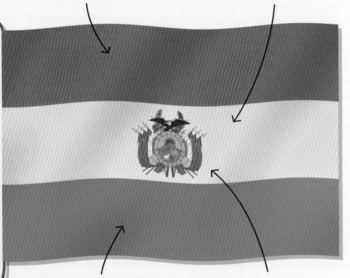

綠色代表肥沃的土地。　玻利維亞的盾牌徽章上有一隻南美大禿鷹。

玻利維亞是以革命領袖西蒙·波利瓦爾來命名。這個國家也是世界上少數有兩個首都的國家——蘇克瑞（Sucre）和巴斯（La Paz）。玻利維亞的國旗和迦納的國旗很像（見第72頁），但是玻利維亞的國旗中間是盾牌徽章，而迦納則是一顆黑色的星星。

雙國旗的國家

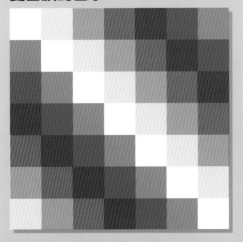

印加徽（Wiphala）是玻利維亞的第二面國旗。這面國旗是由49個代表玻利維亞原住民的方塊所組成。2009年，這面旗子變成玻利維亞的雙國旗之一。

這個男人穿著裝飾有印加徽國旗飾樣的玻利維亞傳統服飾。

南美洲

巴西

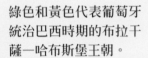

採用日期：1889年
比例：7：10
用途：國家和民用
設計說明：綠色背景上有一顆黃色的鑽石圖案。中間是標有星星和國家格言的深藍色圓圈。

綠色和黃色代表葡萄牙統治巴西時期的布拉干薩—哈布斯堡王朝。

格言「Ordem e progresso」是指「秩序和進步」。

黃色代表巴西的礦產。

星星代表巴西各州。

綠色也代表巴西的雨林。

巴西是南美洲最大和世界第五大的國家。葡萄牙曾統治過這個國家，而巴西主要的語言仍然是葡萄牙語。熱情洋溢的綠色及黃色的國旗上標示有八個星座；1889年11月15日是巴西共和國創立的日期，這一天可以在巴西上空看到這些星座。星星也代表著巴西27個不同的行政區，1992年更新了國旗上的星星圖案，將最近設立的州也涵蓋進去。

星星和星座

1 南河三星（小犬星座）
2 大犬星座
3 老人星 （船底星座）
4 角宿一星（處女星座）
5 九頭蛇星
6 南十字星
7 南極星
8 南三角星
9 天蠍星

巴西各州州旗

羅賴馬州
阿馬帕州
亞馬遜州
賽阿臘州
北里約格蘭德州
帕拉州
馬拉尼昂州
帕拉伊巴州
皮奧伊州
伯南布哥州
托坎廷斯州
阿拉戈斯州
巴伊亞州
賽爾希培州
阿克里州
郎多尼亞州
馬托格羅索州
戈亞斯州
聯邦區
米納斯吉拉斯州
南馬托格羅索州
聖埃思皮里圖州
里約熱內盧州
聖保羅州
巴拉那州
聖卡塔琳娜州
南里約格蘭德州

許多巴西的州旗和國旗的顏色相呼應，但是州旗上不只是顏色可以看。在這些象徵意義的背後還有許多各式各樣的故事。

▼ 聯邦區

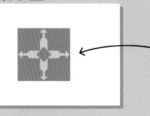

四個箭頭組成了一個十字的形狀，代表來自四面八方的力量。這面州旗代表國家首都的所在地。

▼ 阿克里州

黃色代表富裕，綠色代表希望，紅星代表加入巴西的阿克里州。

▼ 阿拉戈斯州

州旗的顏色呼應了法國三色旗自由的理念。盾牌徽章上有漁業、甘蔗、棉花以及歷史悠久村莊的圖案。

▼ 阿馬帕州

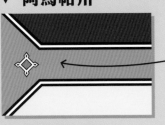

州旗使用的是代表巴西的顏色，上面還有首府馬卡帕堡壘的輪廓圖。

▼ 南馬托格羅索州

綠色代表信仰，紅色代表力量，而黃色則代表工作。

黃色的星星代表這一州，而州旗還使用了和國旗相同的顏色。

▼ 南里約格蘭德州

▼ 亞馬遜州

白色星星代表25個市政區，大顆的星星代表首府瑪瑙斯。

▼ 米納斯吉拉斯州

在州徽上的老鷹象徵力量和希望。

三角形圖案代表過去抗爭期間所使用代表平等的符號。

▼ 里約熱內盧州

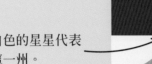

▼ 巴伊亞州

白色三角圖案代表過去的叛亂。

▼ 帕拉州

星星代表帕拉州。

▼ 郎多尼亞州

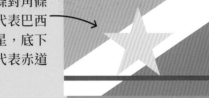

白色的星星代表這一州。

▼ 賽阿臘州

盾牌徽章代表該州的景觀。

▼ 帕拉伊巴州

NEGO 代表「我拒絕」，所指的是1920年代時，州長被暗殺所發生的叛亂。

上面有三條對角條紋，一顆代表巴西的金色星星，底下還有一條代表赤道的紅線。

▼ 羅賴馬州

▼ 聖埃思皮里圖州

州旗上葡萄牙語格言意思是「工作和信任」。粉紅色和藍色條紋代表夜晚的天空。

▼ 巴拉那州

州旗的中間有南十字星座和該州的名稱。

中間的盾牌徽章上方有一頂自由之帽（見第23頁）。

▼ 聖卡塔琳娜州

▼ 戈亞斯州

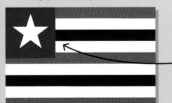

左上角的白色星星代表南十字星座。

這面州旗來自1817年當地發生的革命。藍色象徵天空，白色象徵土地。

▼ 伯南布哥州

黑、白和紅色象徵這個區域不同的族群。四顆代表南十字星座的星星則環繞在巴西地圖的周圍。

▼ 聖保羅州

▼ 馬拉尼昂州

巨大的星星代表馬拉尼昂州。紅色、白色和黑色條紋則代表這區的族群。

▼ 皮奧伊州

星星代表該州的河流河口。條紋則代表該州和巴西的結合。

州旗的顏色來自國旗，而大顆的星星則代表皮奧伊州。

▼ 賽爾希培州

▼ 馬托格羅索州

盾牌徽章上有這一艘漁船和該州的植物。

黃色的星星代表這一州。

▼ 北里約格蘭德州

太陽代表希望，就位在代表和平的白色對角條紋上。藍色和黃色的對角形則代表這個區域的水及土壤。

▼ 托坎廷斯州

巴拉圭

採用日期：1842年

比例：3：5

用途：國家和民用

設計說明：國旗正面有紅色、白色及藍色的三種橫條紋，中間有一個盾牌徽章。背面則是一個財政的徽章。

五月太陽的州徽代表1811年巴拉圭脫離西班牙獨立的日期。

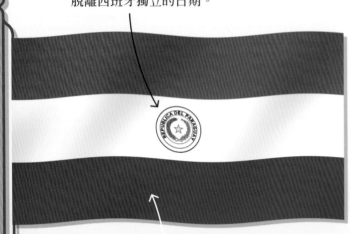

紅色、白色及藍色呼應了法國三色旗自由、平等和博愛（團結）的理念。

從1811年宣布獨立之後，到1842年採用現在的國旗前，巴拉圭經歷了許多次國旗的設計。這面國旗很特殊，因為正反面有著不同設計。前面有一個黃色的五角星星，據說這顆星星在宣布脫離西班牙獨立時，一直閃耀在首都亞松森的上空；背面則有一個官方政府的徽章圖案。

國旗背面的財政徽章有一隻守護自由之帽（見第23頁）的獅子。

烏拉圭

採用日期：1830年

比例：2：3

用途：國家和民用

設計說明：有九條藍色和白色條紋相間，左上角的白色方塊標示著太陽的符號。

五月的太陽是國家的象徵。

九個條紋代表國家的九個部門（行政區）。

國旗上的藍白相間源自於阿根廷的國旗。烏拉圭曾經被阿根廷統治。

西班牙和葡萄牙曾爭奪烏拉圭多年，到了19世紀，解放領袖終於幫助國家脫離西班牙獨立，而當時使用的旗子上便有阿根廷的藍白條紋旗。因為是在五月份宣布獨立，而以五月太陽的符號作為象徵，還可以在烏拉圭和阿根廷的國旗上看到這個圖案。

五月太陽的符號有波浪狀和直射的光芒。全國各地都會使用這個象徵榮耀的圖案。

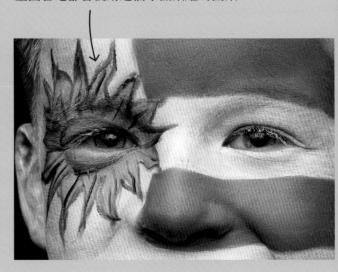

阿根廷

採用日期：1816年

比例：9：14或是5：8

用途：國家和民用

設計說明：中間有一條白色橫條紋，上下則是藍色橫條紋。中間還有一顆太陽的符號。

淡藍色和白色是1812年反西班牙革命者所使用的顏色。

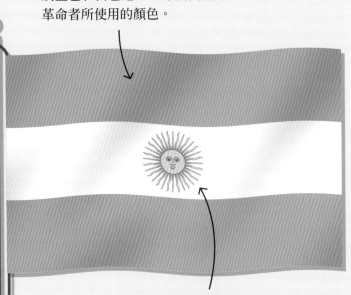

國旗上加了象徵獨立的五月太陽的符號。

在阿根廷對抗西班牙的獨立戰爭期間，解放勢力會使用藍白相間的旗子。1818年，國旗上加入了另一個象徵獨立的太陽符號，有些人將這符號視為印加民族所敬奉的太陽神因蒂（sun god Int）。印加民族曾統治過部分的南美洲。因蒂也被稱為阿普·蓬喬（Apu Punchau），而印加人相信，祂和祂的姐姐「月亮之母」奇拉媽媽（Mama-Kilya）是他們的祖先。

反西班牙革命者所戴的帽子上有一種被稱為「cockades」的淡藍色及白色緞帶花結。

智利

採用日期：1817年

比例：2：3

用途：國家和民用

設計說明：左上角的藍色方塊中間有一顆五角白星；白色長方區塊則一直延伸到國旗右方；下方是一個紅色橫條紋。

藍色代表天空和海洋。　　白色代表安地斯山脈的白雪。

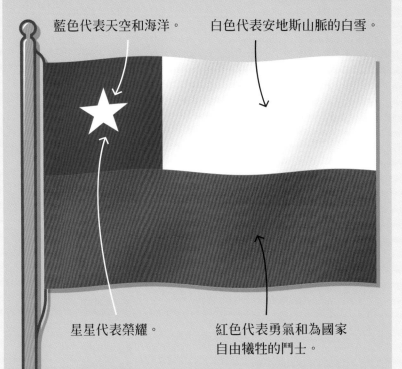

星星代表榮耀。　　紅色代表勇氣和為國家自由犧牲的鬥士。

智利的國旗又稱為「孤星旗」。因為德州州旗有時也被暱稱為孤星旗（見第21頁），所以有時有些人會和智利國旗搞混。智利很重視懸掛國旗一事，人民若在三個國定假日之外懸掛國旗，就是違法的。不過，從2011年起，只要正確懸掛國旗，公民就可以全年懸掛國旗。

智利的國旗有一部分代表的是安地斯山脈的白雪及上頭的藍天。

非洲

維德角

突尼西亞

摩洛哥

(撒哈拉
議領地)

阿爾及利亞

利比亞

埃及

茅利塔尼亞

馬利

尼日

查德

蘇丹

厄利垂亞

吉布地

塞內加爾

甘比亞

幾內亞

布吉納法索

奈及利亞

南蘇丹

衣索比亞

比索

象牙海岸

迦納

索馬利亞

獅子山

多哥

貝南

中非共和國

賴比瑞亞

喀麥隆

烏干達

肯亞

赤道幾內亞

加彭

剛果
共和國

盧安達

聖多美普林西比

剛果民主共和國

賽席爾

蒲隆地

坦尚尼亞

葛摩聯盟

安哥拉

莫三比克

尚比亞

馬達加斯加

辛巴威

納米比亞

馬拉威

波札那

模里西斯

史瓦帝尼

南非

賴索托

南非

採用日期：1994年

比例：2：3

用途：國家和民用

設計說明：左邊是一個有金色邊框的黑色三角圖案。白色輪廓的綠色Y字圖形，上下各有一條紅色和藍色條紋。

因為國家有許多種族和語言，南非又常常被稱為「彩虹國」。1994年開始採用這面國旗，這也是南非結束種族隔離政策並開始新民主的時刻。

新國旗上的顏色透露了南非的過去

紅色、白色和藍色來自英國和荷蘭的國旗，這兩個國家都曾統治過南非。紅色也代表國家成立時所經歷的血腥。

黑色、綠色和金色則來自非洲人國民大會，簡稱非國大（ANC）所用的旗子。非國大是1912年為了結束種族隔離政策、團結非洲人並將他們由歧視及壓迫解放出來所成立的國家運動。黑色代表非洲原住民、綠色代表肥沃的土地、金色則代表國家的財富。

2010年南非舉辦世界盃足球賽。照片中南非第一位黑人總統納爾遜・曼德拉（Nelson Mandela）手握金盃，南非國旗也在其中驕傲地飛揚。

賴索托

採用日期：2006年
比例：2：3
用途：國家和民用
設計說明：藍、白和綠色三種橫條紋。中間有一頂黑色的傳統賴索托草帽。

藍色條紋代表天空和雨水。賴索托以夏日的雷雨和晴朗的山巒天空景色而聞名。

白色條紋代表和平。

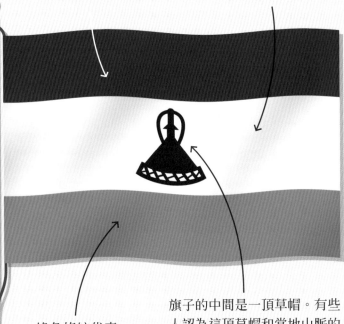

綠色條紋代表土地和繁榮。

旗子的中間是一頂草帽。有些人認為這頂草帽和當地山脈的形狀相呼應，又或者也許是來自他國的移民者將這種草帽帶到賴索托的。草帽是黑色的，代表賴索托是一個黑人國家。

賴索托被稱為「天空中的王國」，是一個完全被南非所圍繞，多山的國家。現在的國旗是為了紀念國家獨立40週年所採用的。國旗上舊有的圖案是盾牌、茅，以及一把尾端有球型握把、傳統上被用來當作武器的短木棍。為了表示賴索托平和的天性，黑色草帽取代了這個圖案。

草帽是賴索托的國家象徵。

史瓦帝尼（史瓦濟蘭）

採用日期：1967年
比例：2：3
用途：國家和民用
設計說明：有五條大小不一的條紋，顏色由上而下依序是藍色、黃色、紅色、黃色和藍色。中間則有一個盾牌、兩把鏢槍和一根戰鬥用的木棍。

藍色代表和平。 黃色代表礦產財富。 紅色代表過去的戰役。 兩把鏢槍（長矛）。

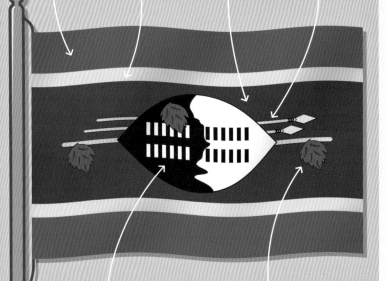

盾牌是根據1920年代時由史瓦濟艾瑪索沙（Emasotsha）軍團所用的盾牌。

戰鬥用的木棍裝飾有被稱為「injobo」的羽毛流蘇。這種羽毛是來自當地的兩種常見物種——鳳凰雀和羅利鳥（lourie）。

史瓦帝尼是另一個完全被南非包圍的內陸國家。史瓦濟人以驍勇善戰而聞名也反映在國旗上，中間是一個由黑白相間公牛皮所製成的傳統盾牌。
當1968年脫離英國獨立時，史瓦濟人就採用了現在的國旗。這個國家一直都被叫做史瓦濟蘭，直到2018年，國王指示改名為史瓦帝尼。

白色和紅色象徵瑪利納王國。1896年法國占領馬達加斯加之前，這個王國曾經統治過這裡。

馬達加斯加

採用日期： 1958年

比例： 2：3

用途： 國家和民用

設計說明： 左邊有一條垂直的白色長方形，右邊則是紅色和綠色橫條紋。

馬達加斯加是印度洋上的群島，也是世界上物種最多元的地方之一。國旗採用的時間剛好是馬拉加西共和國（Malagasy Republic）成立、脫離法國邁向獨立的第一步時。這面國旗除了提到國家的歷史，國旗上的顏色也代表主權（紅色）、希望（綠色）和純潔（白色）。

綠色是荷瓦（Hova）的顏色。在馬達加斯加，人們稱農夫為荷瓦。

安塔那那利弗是馬達加斯加的首都。曾經統治過這裡的瑪利納國王創立了這個首都，而代表這個國王的紅白相間的顏色也出現在旗子上。

模里西斯

採用日期： 1968年

比例： 2：3

用途： 國家

設計說明： 紅色、藍色、黃色和綠色的橫條紋。

模里西斯的國旗是世界上唯一一面用四條不同顏色橫條紋的旗子。國旗的顏色反映在國家的盾牌徽章。綠色也呈現出這個島嶼常年茂盛的景觀。

紅色代表獨立。

黃色代表明亮的未來。

藍色代表印度洋。

綠色代表模里西斯豐富的景觀。

在度度鳥被捕獵滅絕前，這座小島是唯一發現這種鳥類的地方。

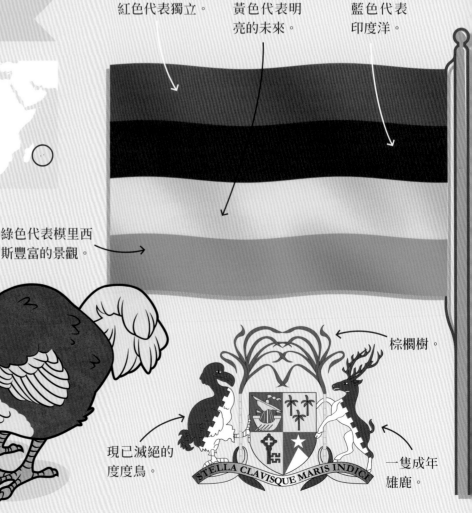

棕櫚樹。

現已滅絕的度度鳥。

一隻成年雄鹿。

STELLA CLAVISQUE MARIS INDICI

葛摩聯盟

採用日期：2001年
比例：3：5
用途：國家和民用
設計說明：左邊的三角圖案標示著伊斯蘭的新月和四顆星星。右邊則有四條黃色、白色、紅色和藍色橫條紋。

綠色是伊斯蘭教的傳統顏色。新月形圖案則是傳統的符號。

每一個條紋象徵著葛摩聯盟四座不同的島嶼。

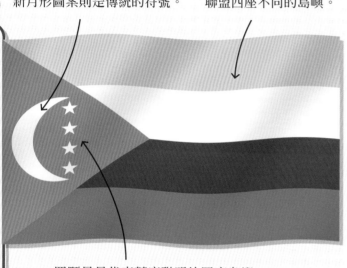

四顆星星代表葛摩聯盟的四座島嶼。自1975年始，這四顆星星和新月就出現在國旗上。

這個群島是以阿拉伯語的月亮「Qamar」來命名，所以葛摩聯盟的國旗上出現月亮，一點也不令人驚訝。國旗的顏色和主題可以追溯至1975年國家獨立運動時，而四個條紋和星星代表四個主要的島嶼，儘管其中一座島嶼——美約特島仍屬於法國的領地。

葛摩群島

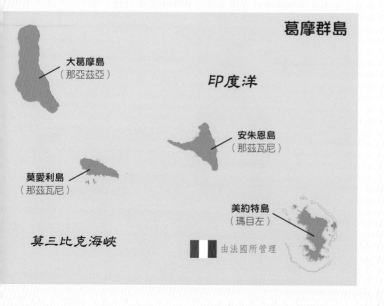

大葛摩島（那亞茲亞）

印度洋

安朱恩島（那茲瓦尼）

莫愛利島（那茲瓦尼）

美約特島（瑪目左）

其三比克海峽

由法國所管理

賽席爾

採用日期：1996年
比例：1：2
用途：國家和民用
設計說明：從左下角發散出藍、黃、紅、白和綠色的光芒。

國旗的顏色代表賽席爾不同的政黨。

賽席爾是東非印度洋上的群島，該國有115座島嶼，許多島嶼被劃定為自然保護區。這個群島在1976年脫離英國獨立。國旗的藍色代表天空和海洋、黃色代表太陽的亮光。紅色代表辛勤的人民；白色象徵和諧，而綠色則象徵土地。

在賽席爾的盾牌徽章上可以看到巨型烏龜、旗魚和白尾熱帶鳥。

莫三比克

採用日期： 1983年
比例： 2：3
用途： 國家和民用
設計說明： 左邊的紅色三角圖案上有國家的徽章。綠色、黑色及黃色橫條紋則由狹窄的白色邊界分割開來。

綠色象徵肥沃的土地。

黑色代表非洲大陸。

白色代表和平。

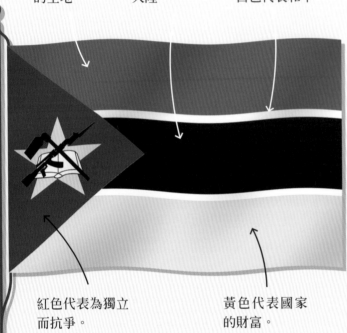

紅色代表為獨立而抗爭。

黃色代表國家的財富。

莫三比克的旗子是世界上唯二的國家中，有槍枝圖案（見本書第23頁瓜地馬拉）。國旗的顏色本來是莫三比克解放前線（FRELIMO）政黨所使用的顏色，該政黨在1960至1970年代曾為脫離葡萄牙爭取獨立而戰。

莫三比克的徽章就在星星上。這象徵國際化及社會主義政治。

鋤頭代表農業。

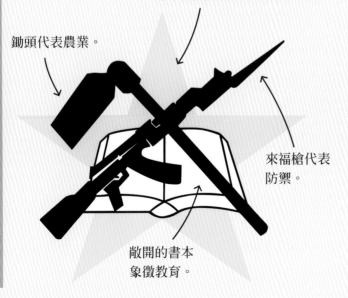

來福槍代表防禦。

敞開的書本象徵教育。

辛巴威

採用日期： 1980年
比例： 1：2
用途： 國家和民用
設計說明： 左邊的白色三角圖案上有辛巴威的徽章，並以黑色作為邊框；還有七條綠色、黃色、紅色和黑色的橫條紋。

辛巴威的國家徽章。

綠色、黃色、紅色及黑色是辛巴威非洲民族聯盟（ZANU）的顏色。現在這個政黨分裂成兩個黨派——現在執政的辛巴威非洲民族聯盟-愛國陣線（ZANU–PF）和反對黨辛巴威非洲民族聯盟-農加（ZANU–Ndonga）。

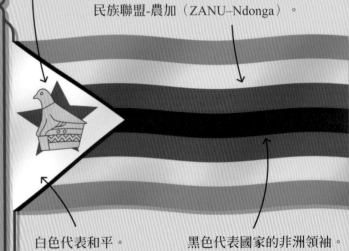

白色代表和平。

黑色代表國家的非洲領袖。

1980年，當辛巴威脫離英國獨立，就由辛巴威非洲民族聯盟-愛國陣線控制政權。國旗則反映了政黨的顏色。紅色也代表在爭取獨立過程中所流的血，綠色代表土地，而黃色則代表國家的礦產。徽章上的辛巴威鳥則是根據古城大辛巴威所發現的離刻而獲取的靈感。

辛巴威的徽章是受到像老鷹般的小鳥所啟發。這種鳥類出現在許多大辛巴威古城的古老石柱上。城市的廢墟曾是過往國家國王的居住地。

波札那

採用日期：1966年

比例：2：3

用途：國家和民用

設計說明：一條有白色邊框的黑色條紋分隔了藍色的橫條紋。

黑色和白色代表波札那的族群和諧。

藍色代表水分和生命。

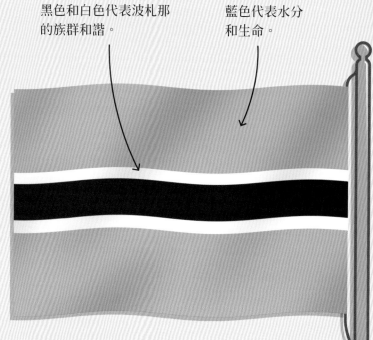

國旗上的藍色代表波札那的雨季。黑白相間的條紋則代表該國的國寶——斑馬。

1966年，當波札那脫離英國獨立時，國旗第一次得以在天空中飄揚。國旗的藍色代表賦予生命、對國家很重要的雨水。波札那常常受旱災所苦，而國家的盾牌徽章則包括座右銘「讓那裡降雨吧（Pula）」。

納米比亞

採用日期：1990年

比例：2：3

用途：國家和民用

設計說明：帶有白色邊框的紅色對角條紋分隔了綠色和藍色的三角圖形。黃色的太陽圖形則在藍色的三角圖案上。

太陽代表生命和活力。

白色、藍色及紅色是前政黨特恩哈爾民主聯盟的顏色。

藍、綠、紅是納米比亞執政黨——西南非洲人民組織所代表的顏色。

納米比亞的盾牌徽章上包括當地發現的巨羚和魚鷹。

1990年，納米比亞脫離南非獨立，而那時的主要政黨則反映在國旗的顏色上。國旗的顏色也反映了國家的人民和景觀，藍色象徵天空、海洋和水分；紅色是人民及決心；白色是和平統一的象徵；綠色則代表土地和農作物。

船隻與飛機

下次如果你看到船隻、遊艇或是國家航空公司，請一定要看看上頭懸掛的特殊旗子。

國家海軍旗

懸掛在船隻上的旗子常常和在陸地上的設計不一樣。這些旗子的種類五花八門，也有嚴格的使用規則。

艦旗

艦旗展現了船隻的國籍，通常會懸掛在船尾或是旗桿最高處。當船隻進港或離港、駛過外海和如果戰艦下達命令時，便會懸掛上艦旗。

海軍可能會有特殊的艦旗設計。當船隻行駛中、在晨昏儀式船隻下錨時，或是在戰鬥中，海軍便會懸掛艦旗。船隻行駛中，若降下艦旗便是暗示投降。

英國國旗

被民用船隻所使用的艦旗。這面旗子綽號是紅色抹布。

皇家海軍船隻所使用的艦旗。

肯亞國旗

肯亞海軍船隻所使用的艦旗。

船首旗桿旗

船首旗桿旗的面積比艦旗小，會懸掛在船首。當船隻進港或是下錨時，就會懸掛。

巴拉圭使用的船首旗桿旗。

船首旗桿旗可以和國旗相同或用特殊的設計。這面巴拉圭的船首旗桿旗和國旗（下圖）類似但又不盡相同。

禮儀旗

軍階旗

艦旗

公司旗
船首旗桿旗

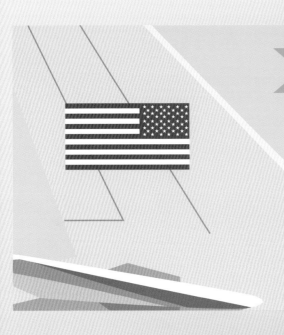

國旗出現在飛機機尾的原因？

國旗常常會被設計在國家航空公司的飛機、軍機、太空船的機尾上，這是因為當這些交通工具前行時，在機尾的國旗就會如同飄揚的樣子，翱翔天際。

禮儀旗

船隻造訪他國時所用的旗子。面積比商船旗來得小，通常懸掛在船首。

燕尾旗

遊艇有時會在旗桿上懸掛燕尾旗，用來表示航行俱樂部的會員。

公司旗

公司旗是船公司的旗子，常常在船首飄揚。

曾經擁有著名鐵達尼號的白星郵輪的公司旗。

軍階旗

如果海軍軍官掌舵當家時，海軍軍艦上也許會使用官階旗。這也是「旗鑑（flagship）」這個詞的由來，意思是指揮一個艦隊的船隻。海軍軍官的軍階會透過旗子上的星星或圓點來表示。

美國海軍軍階旗

海軍五星上將

海軍上將

海軍少將

海軍少將（准將）

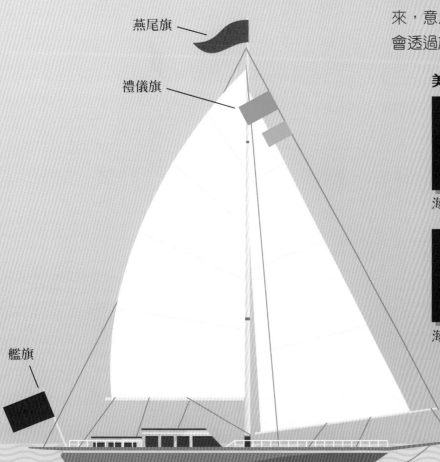

燕尾旗

禮儀旗

艦旗

安哥拉

採用日期：1975年
比例：2：3
用途：國家和民用
設計說明：紅色和黑色的橫條紋，中間有一個黃色齒輪、大砍刀和星星。

星星代表社會主義的政治理念。

齒輪用具代表工業。

紅色象徵爭取獨立期間所流的血。

國旗的顏色是根據曾爭取獨立的安哥拉人民解放運動政黨的顏色來設計。

大砍刀代表農業團體。

安哥拉在1975年脫離葡萄牙獨立，而安哥拉人民解放運動黨則變成了執政黨，他們設計了國旗上的圖案來表達政治理念。國旗的黑色代表非洲，而金色是國家財富的象徵。

有一些國旗表達了某種特殊的政治理念，安哥拉國旗便是一個很好的例子。國旗的圖案傳達了共產主義的想法，呼應了下圖的鐵鎚和鐮刀的圖案。

這是1923～1991年，前蘇聯的官方旗子。

尚比亞

採用日期：1964年
比例：2：3
用途：國家和民用
設計說明：在綠色背景的右上有一隻橘色的魚鷹。魚鷹圖案的下方有三條垂直的紅色、黑色和橘色條紋。

綠色象徵尚比亞肥沃的農田。

魚鷹代表自由。

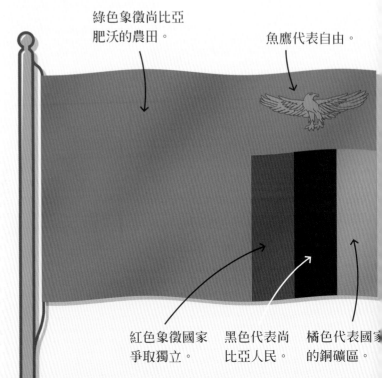

紅色象徵國家爭取獨立。

黑色代表尚比亞人民。

橘色代表國家的銅礦區。

因為象徵性的圖案在旗面的外側邊而不是旗軸，所以尚比亞的國旗顯得特殊。魚鷹的圖案來自國家的盾牌徽章，據說代表尚比亞人民的希望。三個條紋的顏色來自曾領導國家爭取獨立的聯合國獨立黨所代表的顏色。

非洲魚鷹是尚比亞的國鳥。

馬拉威

採用日期：1964年；2012年又重新採用

比例：2：3

用途：國家和民用

設計說明：黑色、紅色和綠色的橫條紋。在黑色條紋的中間是一顆冉冉而升的紅色太陽。

黑色象徵非洲的文化遺產。

日出代表一個新的開始。太陽有31道光芒，因為馬拉威是第31個獲得獨立的國家。

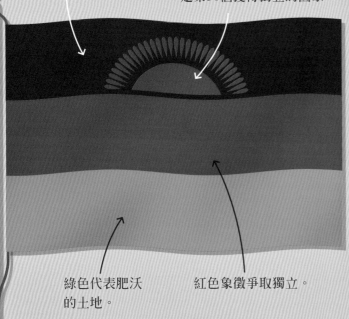

綠色代表肥沃的土地。

紅色象徵爭取獨立。

馬拉威的名字來自16世紀曾統治過這個區域的非洲王國馬拉維（Maravi）。1964年，馬拉威脫離英國獨立，而國旗上的顏色是曾經推動獨立的馬拉威國會黨所代表的顏色。這個國家又稱為「非洲的溫暖之心」。國旗上日出的圖案代表溫暖以及國家未來的希望。

馬拉威湖有美麗的夕陽，像下圖一樣。這樣的太陽出現在國旗上。

坦尚尼亞

採用日期：1964年

比例：2：3

用途：國家和民用

設計說明：中間有一條黃色邊框的黑色對角條紋，兩旁則是綠色和藍色的三角圖形。

綠色代表肥沃的土地。

黑色代表坦尚尼亞人民。

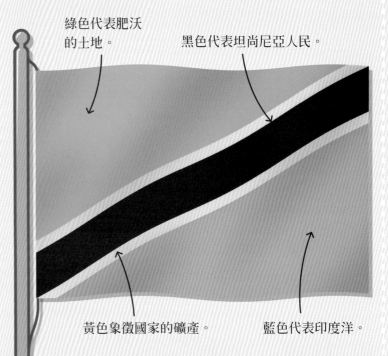

黃色象徵國家的礦產。

藍色代表印度洋。

坦尚尼亞是非洲最高山脈——吉力馬扎羅山的所在地，也是一個相當年輕的國家。1961年，坦噶尼喀（Tanganyika）區脫離英國獨立，然後和桑吉巴（Zanzibar）組成坦尚尼亞。國旗的設計和顏色結合了兩地之前使用的國旗，並呈現出它們如何組成一個國家的設計。

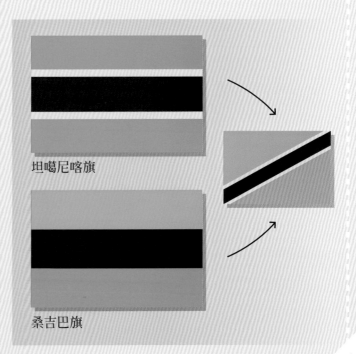

坦噶尼喀旗

桑吉巴旗

肯亞

採用日期：1963年

比例：2：3

用途：國家和民用

設計說明：中間有一面非洲傳統盾牌和兩把鏢槍，而白色的框邊則把紅、黑、綠三種橫條紋分隔開來。

肯亞國旗上的盾牌和交錯的鏢槍代表了國家的文化遺產和保衛自由。在肯亞和坦尚尼亞放牧牛群的半遊牧民族馬賽人會使用這種盾牌。白色的條紋則是象徵和平。在獲得獨立後，肯亞便採用了這面國旗。

盾牌的圖案來自肯亞的盾牌徽章。

紅色、黑色、綠色和白色是肯亞非洲民族聯盟（Kenya African National Union-KANU）的代表顏色。這是一個為國家爭取獨立的政黨。

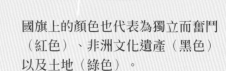

國旗上的顏色也代表為獨立而奮鬥（紅色）、非洲文化遺產（黑色）以及土地（綠色）。

傳統上，馬賽盾牌上的圖案會使用紅色、黑色及白色。

靠近一點看，可以在馬賽盾牌上看到許多細節及圖案。

烏干達

採用日期：1962年

比例：2：3

用途：國家和民用

設計說明：有六條黑色、黃色及紅色交錯的橫條紋。中間是一個標示有灰冠鶴的白色圓圈。

黑色、紅色及黃色代表烏干達人民國會黨（Uganda People's Congress-UPC）。

灰冠鶴是烏干達的國鳥。

烏干達的國旗顏色代表1962年脫離英國獨立時，當時掌權的政黨所代表的顏色。這些顏色也有其他涵義，黑色條紋代表人民及國家的土壤；黃色條紋象徵太陽；紅色條紋則連結了透過人民的鮮血而團結的過程。

灰冠鶴有1米高。

盧安達

採用日期：2001年

比例：2：3

用途：國家和民用

設計說明：有一條藍色的橫條紋和兩條狹長的黃色和綠色條紋。

淡藍色代表希望。

金黃色的太陽圖案代表啟發的思想和無知的終結。

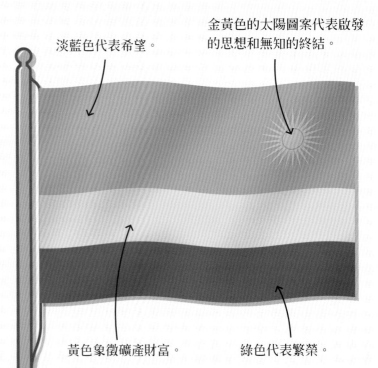

黃色象徵礦產財富。

綠色代表繁榮。

盧安達在1962年脫離比利時獨立後，經歷了一段動盪不安的時期。2001採用的新國旗，用意是為了將這個國家的困境留在過去。國旗的圖案象徵了對未來的希望和信心。

咖啡樹

高粱

傳統盧安達籃子

盧安達的盾牌徽章標示著一個傳統籃子，周圍環繞的是代表國家團結的繩子。

蒲隆地

採用日期：1967年

比例：3：5

用途：國家和民用

設計說明：白色圈圈裡有三顆綠色輪廓的紅色星星。白色對角十字將國旗分成紅色和綠色區塊。

星星代表蒲隆地的三個族群——吐斯族（Tutsi）、胡圖族（Hutu）和土哇族（Twa）。

白色象徵和平。

蒲隆地是政治改變國旗樣式的例子。1962年當這個國家脫離比利時獨立，國旗上有一個象徵君主體制的大鼓圖案，直至1966年，蒲隆地變成共和國，便移除了大鼓的圖案。國旗上的星星代表該國三個主要的族群，也是格言上的三個目標——團結、工作、進步。

紅色代表為獨立而抗爭。

綠色代表希望。

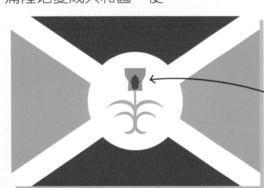

在蒲隆地變成共和國之前，國旗（如圖）包括了一面皇家大鼓和重要的穀類農作物——高粱。

傳統的蒲隆地鼓手身穿國旗顏色的衣服。

剛果民主共和國

採用日期：2006年
比例：3：4
用途：國家和民用
設計說明：一條帶黃色邊框的紅條紋橫穿過藍色旗面，左上角有一顆黃色大星星圖案。

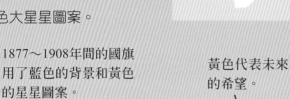

1877～1908年間的國旗用了藍色的背景和黃色的星星圖案。

黃色代表未來的希望。

紅條紋代表那些曾為國犧牲的人所流的鮮血。

自從1960年剛果民主共和國脫離比利時獨立後，這個國家的國旗變更了好幾次。國旗曾經有一陣子很像上圖，但是底色更深藍，而且對角的條紋在不同的方向且更狹長。1971～1997年間，國家又稱為薩伊（Zaire），國旗是綠色的，中間則有一把燃燒的火炬。

國家的盾牌徽章上有豹頭、大象長牙及一把鏢槍。

剛果共和國

採用日期：1959年，1991年重新採用
比例：2：3
用途：國家和民用
設計說明：有一條對角的黃條紋分隔綠色、紅色區塊。

綠色象徵森林及農田。

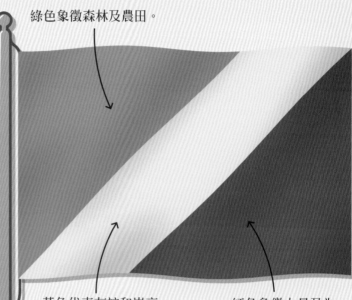

黃色代表友誼和崇高。

紅色象徵力量及為獨立而奮鬥。

剛果共和國曾被法國統治，於1960年獨立。它的國旗採用了代表泛非主義的顏色，這種顏色在全非洲大陸使用（見第65頁）並代表兩國間彼此的團結。但是隨著馬克思革命，國旗的圖樣演變成根據前蘇聯國旗為範本來設計。1991年，在前蘇聯垮台後，又重新恢復了上面的國旗樣式。

剛果共和國是非洲森林大象的家。國家的盾牌徽章上也有這種大象的圖案。

加彭

採用日期：1960年
比例：3：4
用途：國家和民用
設計說明：綠色、黃色和藍色三種橫條紋。

1960年加彭脫離法國獨立，國旗的設計則呼應了法國的三色旗。加彭的國家公園很有名，是稀有動物的家鄉（如黑猩猩）。加彭的海洋是海龜、座頭鯨、鯨魚及海豚的故鄉。

綠色代表加彭茂盛的熱帶景觀。

黃色象徵太陽也代表橫跨加彭的赤道。

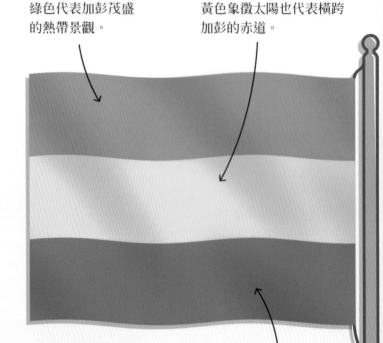

藍色代表大西洋。

國旗上的藍色代表加彭的海岸線。

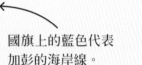

聖多美普林西比

採用日期：1975年
比例：1：2
用途：國家和民用
設計說明：左邊是一個紅色三角形。寬闊黃色橫條紋的上下是綠條紋，在黃條紋上有二顆黑色的星星。

國家的解放運動也使用了和國旗相同的顏色。

星星代表國家的兩座島嶼。

紅色、綠色、黃色及黑色代表非洲，也分別代表獨立（紅色）、自然景觀（綠色）、太陽（黃色）和人民（黑色）。

1975年開始，聖多美普林西比島嶼便脫離葡萄牙獨立並採用了這面國旗，群島是古老的火山島。國旗上的綠色代表該國的景觀，這裡有一部分被森林所覆蓋，也是稀有鳥類的家鄉。聖多美有一座歐布國家公園，而在普林西比的海岸處則有一處重要的海洋保護區。

這個國家以鳥類聞名。盾牌徽章上可以看到獵鷹及鸚鵡。

赤道幾內亞

採用日期：1968年
比例：2：3
用途：國家和民用
設計說明：左邊是一個藍色三角形，還有綠色、白色及紅色橫條紋。中間則是國家的盾牌徽章。

藍色三角形代表大西洋。　　綠色象徵農業。

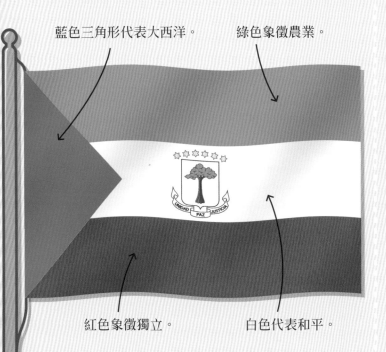

紅色象徵獨立。　　白色代表和平。

赤道幾內亞曾經被西班牙統治過，直到1968年獨立前，它都還是西班牙的海外省分。國旗中間的盾牌徽章標示著六顆星星，代表組成國家的大陸和五個島嶼。國旗上還有絲棉樹、一面銀色盾牌和一句格言——團結（Unidad）、和平（Paz）、正義（Justicia）。

西班牙和當地領袖的第一份條約據說是在絲棉樹下簽的。

喀麥隆

採用日期：1975年
比例：2：3
用途：國家和民用
設計說明：有綠色、紅色和黃色的直條紋，中間是一顆黃色大星星。

綠色象徵國家的森林也代表希望。　紅色代表國家的團結。　黃色象徵國家熱帶稀樹草原的景觀。

五個端點的星星也稱為團結之星。

喀麥隆有各式景觀，而國旗上出現了象徵稀樹草原和森林的顏色。一戰後到1960年代初期獲得獨立前，這個國家分別被法國和英國占領。1957年國旗採用了直條紋，並呼應了法國的三色旗，到了1975年加上的星星圖案代表了北方和南方的團結。

在1990年的世界盃足球賽中，喀麥隆是非洲第一支進入四強比賽的隊伍，最後在延長賽中輸給了英格蘭。

中非共和國

採用日期：1958年
比例：3：5
用途：國家和民用
設計說明：一條紅色直條紋貫穿在藍色、白色、綠色和黃色的橫條紋上。左上角則有一顆黃色的星星。

星星代表對明亮未來的希望。

紅色條紋代表為爭取獨立所流的鮮血，也代表團結。

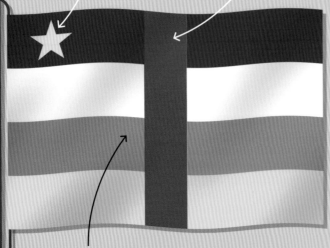

中非共和國的國旗結合了代表泛非主義的紅色、黃色和綠色（見第65頁）和法國的三色旗（見第88頁）。

1960年中非共和國脫離法國獨立，而它的國旗便包括了法國的三色旗和代表泛非主義的顏色。盾牌徽章有一隻代表國家豐富野生動物的大象和一棵猴麵包樹，此圖案在該國很受歡迎。

可以在國家的盾牌徽章、紙幣和硬幣上看到猴麵包樹的圖案。

南蘇丹

採用日期：2005年
比例：1：2
用途：國家和民用
設計說明：左邊是一個藍色三角圖形，上面有一顆黃色的星星。黑色、紅色和綠色橫條紋一直延伸到國旗右邊，條紋之間則用白色條紋間隔開來。

星星象徵國家的團結和對未來的希望。

紅色代表為國家犧牲奮鬥的人民。

黑色代表人民。

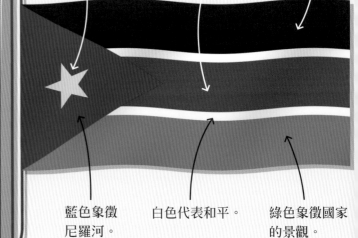

藍色象徵尼羅河。

白色代表和平。

綠色象徵國家的景觀。

2005年南蘇丹宣稱自己是一個國家，並升起了新國旗，但是直到2011年才完全獨立。在經歷過南蘇丹長期的暴力內戰後，國旗上的黃色星星和白色條紋象徵著對和平的希望和未來的成功。其設計和顏色則呼應著南蘇丹的兩個鄰國——蘇丹（見第67頁）和肯亞（見第58頁）。

2011年的南蘇丹獨立慶典上，可以看見國旗到處飄揚。

衣索比亞

採用日期： 1996年
比例： 1：2
用途： 國家和民用
設計說明： 有綠色、黃色和紅色的橫條紋，中間的藍色圓形標示著一顆代表衣索比亞的金色星星。

綠色代表衣索比亞的土地。

藍色代表和平。

黃色代表正義和平等。

星星代表國家的多元及富庶。

紅色代表力量。

衣索比亞是非洲最古老的獨立國家。許多其他國家也採用了衣索比亞國旗上的綠色、紅色和黃色來做為非洲人團結的象徵。雖然這些顏色出現在衣索比亞的國旗上已有一段時間，但是最近的版本是1996年衣索比亞聯邦民主共和國成立時才採用的。

代表泛非主義的顏色

衣索比亞國旗所使用的顏色和黑色被稱為是泛非主義顏色，這些顏色代表非洲文化遺產的驕傲和脫離殖民統治的獨立。除此之外，這些顏色還出現在許多國旗上。

衣索比亞國旗
（1897-1914年）

1897年10月6號，衣索比亞的皇帝莫內里克二世（Menelik II）下令將綠色、黃色、紅色三色長方旗的設計採用為國旗。從那時起，許多非洲國家也起而仿效。

可以看到非洲豐富和多元野生動物的例子，像是出現在許多非洲國家盾牌徽章上的美麗花豹。

索馬利亞

採用日期：1954年
比例：2：3
用途：國家和民用
設計說明：藍色的背景中間有一
顆大型的五角白色星星。

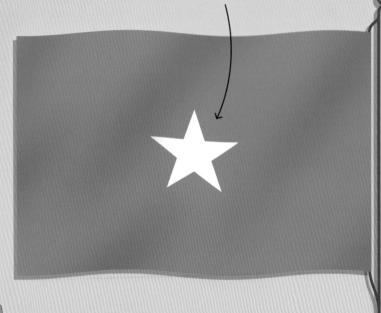

國旗上的星星被稱為團結之星，星星的每個端點代表非洲
之角的一個區域。傳統上是索馬利亞人一直居住的地方。

1960年，當義屬索馬利蘭和英屬索馬利亞合併時，
索馬利亞便成為一個單獨的國家。1950年代義屬索
馬利蘭一直是由聯合國監管，當時採用其目前的旗
幟，還可以看到聯合國在國旗顏色上的影響。這個
國家長期被戰火蹂躪，所
以國旗上的白色星星象
徵對未來和平的希望。

索馬利亞的盾牌徽
章上有兩隻舉著盾
牌的獵豹。藍色背
景的徽章上則有一
顆白色星星。

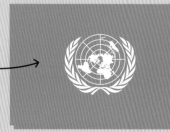

國旗的藍色和
白色來自於聯
合國的國旗。

白色象徵和平。

星星代表團結。

吉布地的國旗顏色有許多意義。除了國旗所
列的顏色外，藍色代表伊薩人，綠色則代表
阿法人，這是吉布地兩個最大的族群。吉布
地的官方宗教是伊斯蘭教，傳統上伊斯蘭的
象徵顏色也是綠色。

吉布地

採用日期：1977年
比例：21：38
用途：國家和民用
設計說明：左邊有一個白色三角
圖形，上面是一顆紅色星星。右
邊則是藍色和綠色橫條紋。

一名游牧穆斯林阿法族（Afar）的婦人身穿傳統服飾。

厄利垂亞

採用日期：1993年

比例：1：2

用途：國家和民用

設計說明：有一個從左側延展開來的大型紅色三角形，上面有一枝金色的橄欖枝和花環。右邊則是綠色和藍色的三角圖形。

橄欖枝和花環代表厄利垂亞的獨立。

綠色、藍色和紅色是厄利垂亞推動獨立人民解放前線黨所代表的顏色。

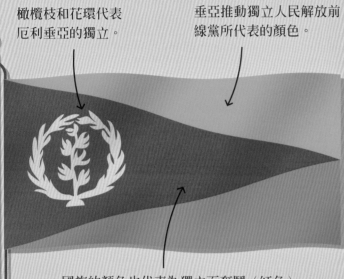

國旗的顏色也代表為獨立而奮鬥（紅色）、土地（綠色）及海洋（藍色）。

厄利垂亞的名字是以希臘語的「紅海」來命名，紅海也形成了這個國家的海岸線，而國旗上的藍色代表海洋。在厄利垂亞脫離衣索比亞獨立前，國旗上有顆金色的星星，獨立後則由橄欖枝和花環所取代。花圈上的30片葉子則代表獨立前的30年戰爭。

可以在廣闊的厄利垂亞海岸線上看到像這樣的漁船。厄利垂亞的國名靈感來自海洋，國旗上的藍色三角形圖案也象徵著海洋。

蘇丹

採用日期：1970年

比例：1：2

用途：國家和民用

設計說明：左側有一個綠色三角形，右側由上而下分別是紅、白和黑色的橫條紋。

綠色象徵伊斯蘭教，也代表國家的富庶。

紅色代表爭取獨立和社會主義的政治理念。

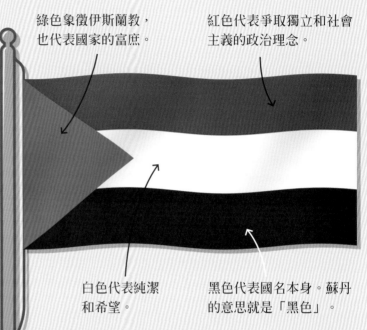

白色代表純潔和希望。

黑色代表國名本身。蘇丹的意思就是「黑色」。

蘇丹國旗的顏色來自過去阿拉伯武裝部隊所使用的旗子。紅色代表社會主義，白色代表和平，黑色則代表阿爾・曼蒂（Al-Mahdi）——他是19世紀時，反抗埃及統治的領導人；綠色三角形則代表農業和成功。

代表泛阿拉伯主義的顏色

紅、綠、白和黑色有時候又稱為泛阿拉伯顏色，出現在許多的旗子上，分別來自不同的阿拉伯歷史旗幟。早在14世紀的一首名詩作就提及這些顏色，其詩句為：「白色如我們的行動，黑色是我們的戰場，綠色如我們的田野，紅色則是我們的刀劍。」

藍色代表天空和查德湖。

金色代表查德的沙漠和陽光。

紅色象徵爭取獨立。

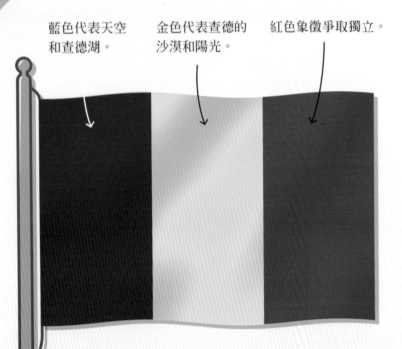

查德

採用日期：1959年

比例：2：3

用途：國家和民用

設計說明：藍色、金色和紅色三條直條紋。

盾牌徽章用來區分新舊羅馬尼亞國旗。

因為查德是法國前殖民地，所以國旗的設計效法了法國的三色旗（見第88頁）。顏色融合了泛非主義的紅色和金色以及法國國旗的藍色。查德國旗和羅馬尼亞國旗非常類似（見第99頁），唯一的不同點是，查德國旗的藍色條紋稍微深一點。

羅馬尼亞國旗曾經有盾牌徽章，但是在1989年移除了這個圖案，這使得羅馬尼亞的國旗和查德國旗幾乎一模一樣。查德政府認為羅馬尼亞應該再把盾牌徽章重新放到國旗裡。

奈及利亞

採用日期：1960年

比例：1：2

用途：國家

設計說明：國旗上的白色直條紋將兩條綠色直條紋分隔開來。

綠色代表國家豐富的景觀。

白色象徵和平與團結，也代表尼羅河。

尼羅河流經奈及利亞，而國旗上的白色條紋代表的就是這條河。

奈及利亞有超過2億3百萬的人口，是非洲人口最密集的國家。1960年時，脫離英國獨立，而國旗是經由設計比賽脫穎而出的優勝作。這面國旗是由一位名叫麥可·泰窩·阿欽坤米（Michael Taiwo Akinkunmi）的23歲奈及利亞學生所設計的。他原本的設計有一顆紅色的太陽居中，但後來被移除了，只剩下彩色的條紋。

貝南

採用日期：1959年；1990年重新被採用
比例：2：3
用途：國家和民用
設計說明：左邊有一個綠色的長方形圖案，右邊則是黃色和紅色的橫條紋。

泛非主義的顏色象徵了非洲的團結、文化遺產和獨立（見第65頁）。

1960年，貝南（當時稱為達荷美共和國）脫離法國獨立時，首次使用了這面國旗（上圖）。1975年國家更名時，貝南先是採用帶有紅星的綠色旗子，後來在1990年又改回了上頭這面旗子。貝南之名是來自形成海岸線的海水名稱，而該海域叫做貝南灣。

FRATERNITE JUSTICE TRAVAIL

兩頭花豹舉著貝南的盾牌徽章。徽章上還有當地部落用來居住及保護家人的傳統堡壘（塔塔松巴堡，tata somba）。

多哥

採用日期：1960年
比例：2：3
用途：國家和民用
設計說明：左上方有一個紅色正方形圖案，中間是一顆白色大星星。右邊是五條綠、黃色交錯的橫條紋。

星星代表團結。

綠色代表多哥的農田。

黃色象徵國家的礦產財富。

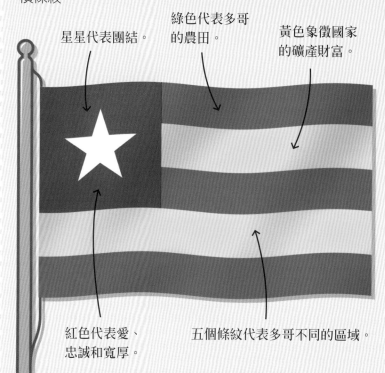

紅色代表愛、忠誠和寬厚。

五個條紋代表多哥不同的區域。

多哥國旗上的五個條紋象徵它不同的區域——海岸、高原、稀樹草原、中部地區和卡拉區。大部分的多哥人以農業維生，國旗上的綠色也反映了這個特色。國旗的設計也以泛非主義的顏色來做為依據（見第65頁）。

國旗上的綠色代表多哥是個農業國。

國際信號旗

不論你身在何處，都可以在海上用國際信號旗和另一艘船隻、或是和岸上的某個人溝通。國際信號旗使用了不同的旗子來代表每一個字母和數字。當你把某些旗子組合在一起，便可以發送讓人辨識的句子。

國際信號旗書

0	1	2	3	4	5
6	7	8	9	A	B
C	D	E	F	G	H
I	J	K	L	M	N
O	P	Q	R	S	T
U	V	W	X	Y	Z

一些信號旗所代表的意思

一面或兩面的信號旗代表緊急狀況。三個字母以上的信號，發送的訊息通常是非緊急的訊號。

 求助！

 有人落水！

 棄船！

 受到攻擊！

 醫療援助！

船長通常在船上備有國際信號旗書或海報，用以解讀在海上所看到的任何旗幟信號。

掛上所有的旗子

為了慶祝特別的場合，有時候船上會掛滿一整排信號旗。這種狀況也叫做「盛裝出席」。

71

迦納

採用日期：1957年；1966年重新
被採用
比例：2：3
用途：國家
設計說明：紅、黃和綠色的三種
橫條紋，中間是一顆黑色五角的
星星。

黃色代表國家的礦產。　　紅色象徵爭取獨立。

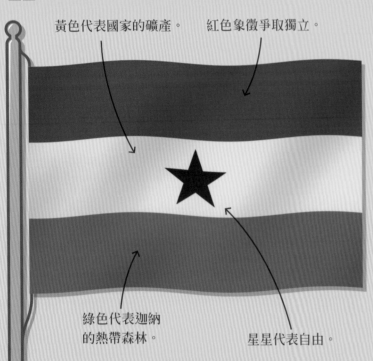

綠色代表迦納
的熱帶森林。　　　星星代表自由。

1957年迦納脫離英國獨立，是第一個使用衣索
比亞國旗顏色的國家，還加上了一顆黑色的星
星，讓代表泛非主義的顏色更加完整（見第65
頁）。據說星星來自於黑星船運公司的圖案。
這家公司由馬科斯·加維（Marcus Garvey）創
立，同時他還是20世紀初期泛非主義運動的牙
買加領袖。

黃金是迦納的礦產之一，國旗上
的黃色代表的就是黃金。

象牙海岸

採用日期：1959年
比例：2：3
用途：國家和民用
設計說明：橘、白和綠色三種直
條紋。

橘色代表國家的草原。　　綠色象徵森林。

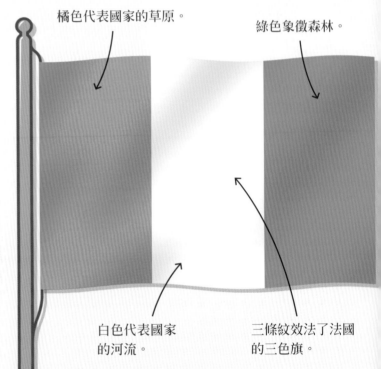

白色代表國家　　　三條紋效法了法國
的河流。　　　　　的三色旗。

1960年象牙海岸脫離法國獨立，國旗的三條紋
設計則以法國的三色旗為依據。象牙海岸的國
旗顏色和愛爾蘭一模一樣，但是順序不同。象
牙海岸這個國名也反映了大象曾在這裡成長繁
衍的過去。

象牙海岸的國旗上的橘色條紋代表草原。

08年非洲盃足球賽場上的
牙海岸球迷。

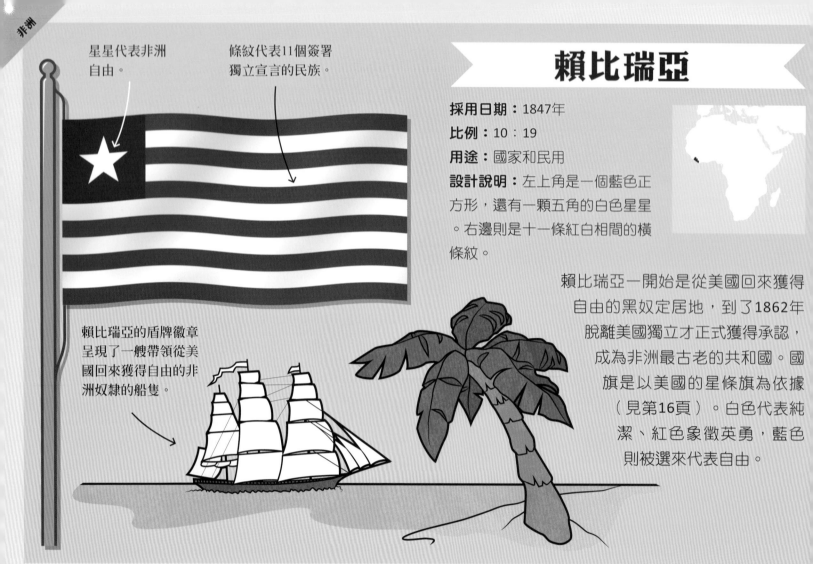

星星代表非洲自由。

條紋代表11個簽署獨立宣言的民族。

賴比瑞亞

採用日期：1847年
比例：10：19
用途：國家和民用
設計說明：左上角是一個藍色正方形，還有一顆五角的白色星星。右邊則是十一條紅白相間的橫條紋。

賴比瑞亞一開始是從美國回來獲得自由的黑奴定居地，到了1862年脫離美國獨立才正式獲得承認，成為非洲最古老的共和國。國旗是以美國的星條旗為依據（見第16頁）。白色代表純潔、紅色象徵英勇，藍色則被選來代表自由。

賴比瑞亞的盾牌徽章呈現了一艘帶領從美國回來獲得自由的非洲奴隸的船隻。

獅子山

採用日期：1961年
比例：2：3
用途：國家和民用
設計說明：有綠色、白色及藍色三種的橫條紋。

18世紀晚期，獅子山變成了重獲自由的非洲奴隸的家鄉。它曾被英國統治，但是在1961年獲得獨立。獅子山這個國名來自葡萄牙語，用來形容首都自由城附近的山脈形狀。國旗上的藍色和綠色據說來自盾牌徽章。

綠色代表獅子山的農田。

白色代表正義和團結。

藍色代表位在首都自由城旁邊的自然海洋港口。

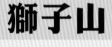

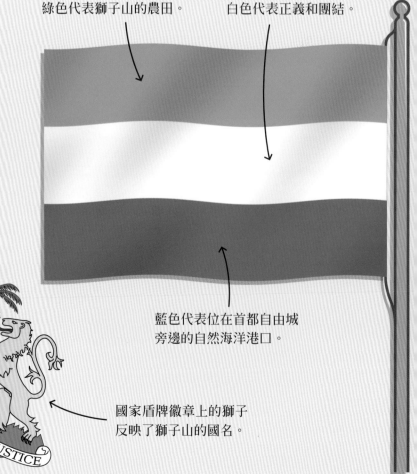

國家盾牌徽章上的獅子反映了獅子山的國名。

UNITY FREEDOM JUSTICE

幾內亞

採用日期：1958年

比例：2：3

用途：國家和民用

設計說明：有紅色、黃色和綠色三種直條紋。

紅色代表為獨立奮鬥。

黃色代表礦產及陽光。

綠色代表風景。

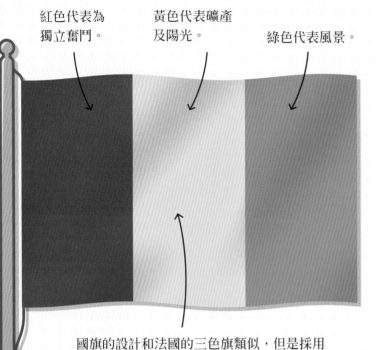

國旗的設計和法國的三色旗類似，但是採用的是泛非主義的顏色（見第65頁）。

1958年幾內亞脫離法國獨立時，以法國的三色旗作為新國旗的靈感來源。條紋的順序和幾內亞的兩個鄰國馬利（見第78頁）和塞內加爾（見第76頁）剛好相反。

國旗上的綠色代表幾內亞的森林，像是黑猩猩居住的寧巴山嚴格自然保護區。

幾內亞比索

採用日期：1973年

比例：1：2

用途：國家和民用

設計說明：左邊有一個紅色直條紋，上面則有一顆黑色星星。右邊是黃色和綠色的橫條紋。

黃色代表太陽和國家北邊的稀樹草原。

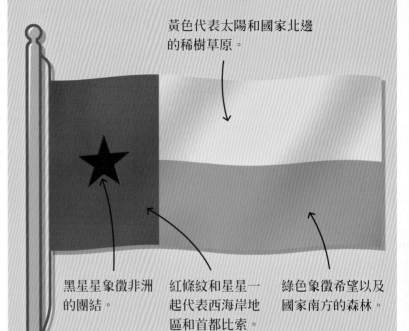

黑星星象徵非洲的團結。

紅條紋和星星一起代表西海岸地區和首都比索。

綠色象徵希望以及國家南方的森林。

1973年宣布脫離葡萄牙獨立後，幾內亞比索採用了現在的國旗。其設計以鄰國迦納為依據，使用了同一種顏色及代表非洲團結的黑星星（見第72頁）；紅條紋也提醒了人們獨立戰爭期間所流的鮮血。

盾牌徽章上的貝殼代表幾內亞比索的海岸。國旗上還呈現了幾內亞比索大陸的稀樹草原和森林。

塞內加爾

綠色、黃色和紅色的泛非主義顏色（見第65頁）。

星星代表非洲的團結和對未來的希望。

採用日期：1960年

比例：2：3

用途：國家和民用

設計說明：有綠色、黃色和紅色三種直條紋，中間是一顆綠色的五角星星。

塞內加爾盾牌徽章上的波浪式紋路代表了塞內加爾河。盾牌上還有一頭獅子和一棵麵包樹。

塞內加爾的西非獅子正遭受生存上的威脅。

1960年塞內加爾脫離法國獨立，加入鄰國馬利短短幾個月。那時這兩個國家的國旗設計有一個人形圖樣（卡納加，kanaga）在中間。兩個國家的國旗很類似，但是塞內加爾有顆綠色的星星圖案，而馬利則只有三條直條紋（見第78頁）。

傳統的塞內加爾漁船上漆鮮豔的國旗顏色。

甘比亞

採用日期：1965年
比例：2：3
用途：國家和民用
設計說明：中間是一條白色邊框的藍色橫條紋，其上是紅條紋，下面則是綠條紋。

1965年脫離英國獨立後，甘比亞採用了這面國旗。在此之前，甘比亞的國旗結合了英國的聯合旗和一枚帶有棕櫚樹和大象的黃色徽章。這面條紋旗是由名為路易斯・托馬斯（Louis Thomasi）的會計師設計的，其顏色代表了國家的景觀而不是政治。

白色代表和平與團結。

紅色代表太陽和赤道。

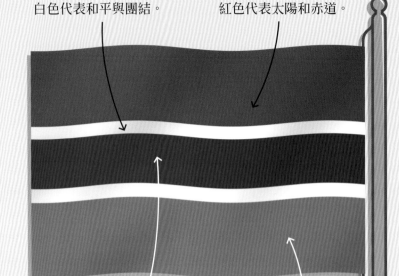

藍條紋代表甘比亞河。

綠色代表國家的農業。

在甘比亞河裡游泳的鱷魚。國旗上的藍色代表了這條河。

十個星星代表維德角的十個主要的島嶼。

藍色象徵大西洋。

白色象徵和平。

紅條紋代表進步的道路。

1975年脫離葡萄牙後，首次宣布獨立，維德角採用了一面和幾內亞比索非常類似的國旗（見第75頁）。這兩個國家曾經一度考慮結合成一個國家。上方這面國旗是1991年維德角第一次自由選舉後所採納的樣式。

維德角

採用日期：1992年
比例：2：3
用途：國家和民用
設計說明：白色和狹窄的紅色條紋置中，將寬闊和狹窄的兩條藍色橫條紋分隔開來。中間偏左的地方，則是十顆星星組成的圓圈圖案。

國旗上的星星代表組成這個國家的火山島群。

茅利塔尼亞

採用日期：2017年
比例：2：3
用途：國家和民用
設計說明：上方和下方有紅色橫條紋。中間綠色的背景上有一個黃色五角星星，其下是黃色新月。

茅利塔尼亞之名來於一個遠自西元前3世紀就存在於此的古老柏柏王國。1960年這個國家脫離法國獨立，並採用了帶有新月和星星圖案的綠色國旗。2017年在公共投票後，國旗又在上下加上了紅色的條紋。紅色代表爭取獨立過程中所流的鮮血。

綠色、紅色和黃色是泛非主義的顏色（見第65頁）。

新月和星星的圖形象徵伊斯蘭教。

綠色代表伊斯蘭教。

國家徽章包括一棵棕櫚樹和一株小米植栽，都是這區特有的植物。

綠色代表肥沃的土地。

黃色代表礦產。

紅色代表爭取獨立。

馬利

採用日期：1961年
比例：2：3
用途：國家和民用
設計說明：有綠、黃和紅色三種的直條紋。

國旗的設計是根據法國的三色旗，並使用了代表泛非主義的顏色（見第65頁）。

馬利自1960年就脫離法國獨立，但是國旗設計仍然保留和法國類似的三色旗，其設計也很像它鄰近的兩個國家。塞內加爾的國旗（見第76頁）也有同樣的條紋，只不過中間加上了一顆綠色的星星，而幾內亞的國旗（見第75頁）則是同樣的條紋顏色，但順序顛倒過來。16世紀時，馬利帝國曾在此有過輝煌的歷史，而馬利這個名字則是「國王居住地」的意思。

馬利的杰內大清真寺是有名的歷史建築，也是世界上最大的土坯建築。

布吉納法索

採用日期： 1984年
比例： 2：3
用途： 國家和民用
設計說明： 紅、綠色的橫條紋，中間則是一顆五角黃色星星。

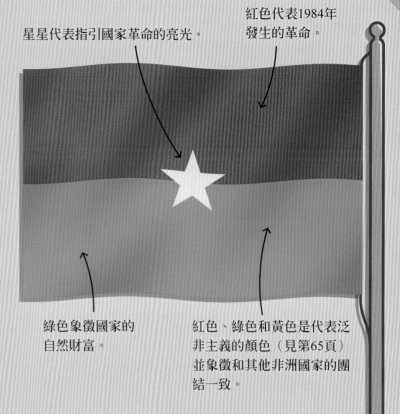

星星代表指引國家革命的亮光。

紅色代表1984年發生的革命。

綠色象徵國家的自然財富。

紅色、綠色和黃色是代表泛非主義的顏色（見第65頁）並象徵和其他非洲國家的團結一致。

國旗上的綠色代表布吉納法索的景觀。

布吉納法索曾經被稱為上沃塔，當時國旗是三個條紋，代表了沃塔河三條流經這個國家的主要支流。1984年在政府被推翻後，國名和國旗都改了。新的國名有「正人君子之國」之意。

尼日

採用日期： 1959年
比例： 2：3
用途： 國家和民用
設計說明： 橘、白和綠色三種橫條紋，中間有一個橘色圓盤的圖形。

國旗上的橘色代表尼日的沙漠區。

橘色代表尼日北部和東部的沙漠區。

白色象徵純潔與和平。

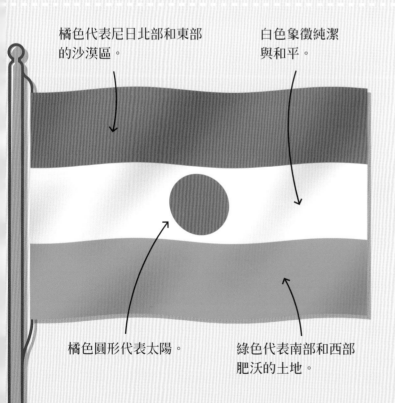

橘色圓形代表太陽。

綠色代表南部和西部肥沃的土地。

尼日取名自尼日河，自1960年後便正式脫離法國獨立。其國旗和印度（見第141頁）很類似，但是兩個國家在選擇顏色上的理由卻不太相同。

紅色象徵力量和勇氣。

薩拉丁的老鷹是埃及的象徵。

白色代表和平與誠實。

埃及

採用日期：1984年

比例：2：3

用途：國家和民用

設計說明：紅色、白色和黑色的橫條紋，中間則有一個金色的老鷹圖形。

黑色代表決心。

紅色、白色和黑色是代表泛阿拉伯主義的顏色（見第67頁）。

現今，這個圖案又被稱為埃及老鷹或是共和老鷹。埃及的國旗和盾牌徽章都可以看到此圖形。

埃及的國旗顏色象徵1952年的革命，這場革命改變了國家治理的方式。1953～1984年間採用上方那面旗子時，埃及的國旗改變了很多次。國旗的設計是根據一則歷史形象而來：12世紀，薩拉丁（Saladin）統治了埃及並帶著一面有老鷹圖案的黃色旗子。

在12世紀時，薩拉丁控制了位在塔巴城法老島上的這個十字軍戰士的堡壘。

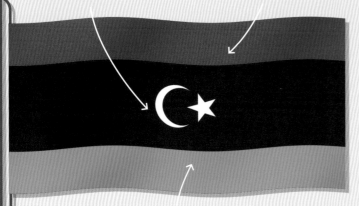

新月和星星圖形代表了
伊斯蘭信仰。

紅色象徵利比亞為
自由的奮鬥。

利比亞

採用日期：1951年；2011年重新採用
比例：1：2
用途：國家和民用
設計說明：黑色的寬條紋隔開了紅色和綠色橫條紋，中間是一個白色的新月和星星圖形。

綠色是代表利比亞這個國家的顏色，
也是伊斯蘭教人民的象徵。

1951年獨立後，利比亞王國首次使用了上頭這面國旗。之後在穆阿麥爾歐·格達費（Muammar Gaddafi）的統治下，使用全綠色的國旗，但在軍事政變結束之後，又恢復了原本的國旗。除了上面所介紹的意思外，國旗上的三個條紋分別代表三個主要的區域——非贊區（紅色）、基里奈卡區（黑色）、的黎波里塔尼亞區（綠色）。

因為政治變動，利比亞的國旗隨著時間變動了好幾次。2011年在內戰後則選擇了現在的國旗樣式。

突尼西亞

採用日期：1831年
比例：2：3
用途：國家和民用
設計說明：以紅色為底，中間有一個白色的圓盤，圓盤上則有一個紅色新月和星星的圖形。

紅色來自曾經統治過這個區域的土耳其國旗。

新月和星星圖形代表伊斯蘭教。

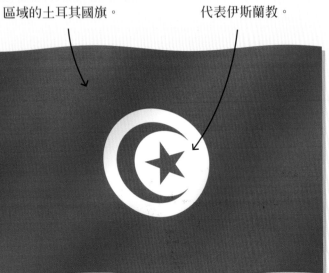

突尼西亞曾經是鄂圖曼帝國的一部分，而國旗的設計也源自於此時期。在突尼西亞還是法國的保護國時期（1881～1956年），法國三色旗有時會出現在國旗的左上角，但是國旗設計沒有改變。國旗顏色的選擇現在則賦予不同的意義：紅色代表在抵抗壓迫過程所流的鮮血，白色則象徵和平。

突尼西亞的凱魯萬大清真寺是聯合國世界文化遺產。

阿爾及利亞

採用日期：1962年
比例：2：3
用途：國家和民用
設計說明：綠、白色的直條紋，中間則是一個紅色新月和星星的圖形。

綠色代表伊斯蘭教。

白色代表純潔，也象徵反抗領袖阿布卡達（Abdelkader）。

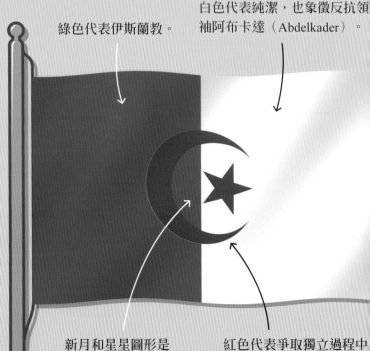

新月和星星圖形是伊斯蘭教的象徵。

紅色代表爭取獨立過程中所流的鮮血。

19世紀當法國侵略阿爾及利亞時，反抗軍領袖使用了現代國旗的版本。1962年阿爾及利亞獨立，採用了現在的國旗。國旗中間的新月圖形的兩端尖角，要比那些穆斯林國家的國旗來得長。長長的尖角代表幸福和好運。

阿爾及利亞不是唯一一個在國旗上有星星和新月圖形的國家。以下還有這些國家：

土耳其

巴基斯坦

新加坡

茅利塔尼亞

亞塞拜然

馬來西亞

摩洛哥

採用日期：1915年

比例：2：3

用途：國家和民用

設計說明：紅色背景上有一個綠色所羅門徽章的圖形。

摩洛哥的國旗呼應了其悠久的文化遺產，其統治者已經使用這面紅旗好幾個世紀。國旗中間的星星是依據所羅門的印章來設計：根據中世紀阿拉伯作家所記載的傳說，真主阿拉賜予所羅門王一個刻有這枚印章的強大戒指。

自古以來，所羅門印章一直被視為是文化和宗教象徵。

紅色代表穆罕默德先知的後代。

所羅門印章是一個代表摩洛哥和真主阿拉連結的五角星星。

據說所羅門王的戒指賦予他一種特別的力量，包括指揮群魔和控制萬物。

摩洛哥國旗在菲斯古城區飄揚。這是一處位在帝國城市中央，有古老圍牆的區域。

歐洲

 葡萄牙
第86頁

 西班牙
第86頁

 安道爾
第88頁

 法國
第88頁

 摩納哥
第90頁

 義大利
第90頁

 聖馬利諾
第91頁

 梵蒂岡
第91頁

 馬爾他
第92頁

 希臘
第93頁

 保加利亞
第96頁

 北馬其頓
第96頁

 阿爾巴尼亞
第97頁

 科索沃
第97頁

 蒙特內哥羅
第98頁

 波士尼亞與赫塞哥維納
第98頁

 塞爾維亞
第99頁

 羅馬尼亞
第99頁

 摩爾多瓦
第100頁

 匈牙利
第100頁

 克羅埃西亞
第101頁

 斯洛維尼亞
第102頁

 奧地利
第102頁

 列支敦斯登
第103頁

 瑞士
第103頁

 德國
第104頁

 盧森堡
第106頁

 比利時
第106頁

 荷蘭
第107頁

 英國
第108頁

 愛爾蘭
第110頁

 冰島
第110頁

 挪威
第111頁

 丹麥
第112頁

 瑞典
第113頁

 芬蘭
第113頁

 愛沙尼亞
第116頁

 拉脫維亞
第116頁

 立陶宛
第117頁

 白俄羅斯
第117頁

 波蘭
第118頁

 捷克共和國
第118頁

 斯洛伐克
第119頁

 烏克蘭
第119頁

 俄羅斯聯邦
第120頁

 喬治亞
第122頁

 亞塞拜然
第122頁

 亞美尼亞
第124頁

 土耳其
第124頁

 賽普勒斯
第125頁

冰島

瑞典

挪威

芬蘭

愛沙尼亞

丹麥

荷蘭

俄羅斯聯邦

拉脫維亞

俄羅斯聯邦

立陶宛

愛爾蘭

英國

德國

波蘭

白俄羅斯

盧森堡

比利時

捷克
共和國

列支敦斯登

法國

瑞士

奧地利

斯洛伐克

烏克蘭

葡萄牙

摩納哥

義大利

斯洛維尼亞

匈牙利

摩爾多瓦

聖馬利諾

克羅埃西亞

羅馬尼亞

西班牙

安道爾

波士尼亞與
赫塞哥維納

塞爾維亞

梵蒂岡

蒙特內哥羅

科索沃

保加利亞

北馬其頓

阿爾巴尼亞

希臘

喬治亞

馬爾他

土耳其

亞美尼亞

亞塞拜然

賽普勒斯

葡萄牙

採用日期：1911年

比例：2：3

用途：國家和民用

設計說明：左邊有一條綠色直條紋，右邊則是一條較寬的紅色條紋。在葡萄牙皇家徽章下，有一個導航的金色渾儀工具。

綠色象徵對未來的希望。

紅色代表國家的革命。

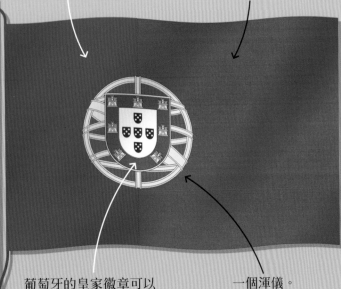

葡萄牙的皇家徽章可以追溯到君主制的時期。

一個渾儀。

1910年當葡萄牙變成共和國時，人們就設計了一面新旗子。國旗上的渾儀代表了15、16世紀時輝煌的海洋探險歷史，而盾牌則代表了皇家的過往歷史。五個藍色較小的盾牌，則象徵在12世紀被葡萄牙第一位國王打敗的五位摩爾（Moorish）國王。

船員曾經用渾儀來導航。這個工具可以觀測太陽和星星的位置。

西班牙

採用日期：1927年

比例：2：3

用途：國家和民用

設計說明：黃色的寬條紋將兩條紅色橫條紋上下分隔開來。西班牙的盾牌徽章位在中間偏左。

西班牙的盾牌徽章代表了西班牙的皇室家族。

紅色和黃色是西班牙中世紀王國使用的傳統顏色。

1516年，許多小型王國結合在一起變成了今日所知的西班牙。在國旗上，仍然可以看到代表這些小王國的盾牌徽章圖案。鐵鍊代表納瓦拉王國，卡斯提雅王國則是一座城堡，獅子則代表雷翁王國，而條紋區塊則代表了雅勒岡王國。巴里亞利群島和卡那利群島也是西班牙的一部分，這使得西班牙成為歐洲第四大國。

格言「Plus ultra」意指「更加超越」。這句話代表西班牙在海外的征服。

盾牌上不同的圖形代表了中世紀的王國。

兩條海克力斯柱（Hercules）則代表了西班牙兩個海外自治市——直布羅陀和修達市。

西班牙地區

西班牙有17個自治區,每個地區都有自己特殊的歷史,也都反映在旗子上。

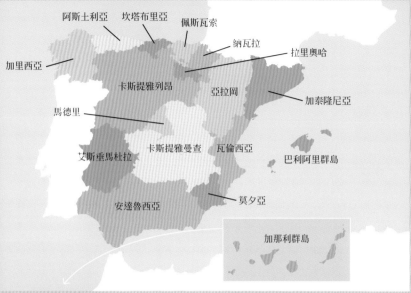

加里西亞　阿斯土利亞　坎塔布里亞　佩斯瓦索
納瓦拉
拉里奧哈
卡斯提雅列昂　亞拉岡
加泰隆尼亞
馬德里
艾斯垂馬杜拉　卡斯提雅曼查　瓦倫西亞
巴利阿里群島
安達魯西亞　莫夕亞
加那利群島

▼ 加里西亞

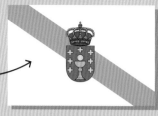

盾牌徽章上有聖杯的圖案。白色和藍色代表聖母瑪利亞。

▼ 馬德里

這些是該地區的傳統顏色。七個星星代表七個地區。

四座城堡代表和卡斯提雅省的連結。七個皇冠代表七個地區。

▼ 安達魯西亞

旗子上有綠色和白色的條紋。盾牌徽章上有卡迪斯獅子和海克力斯柱。

▼ 坎塔布里亞

旗子上的兩個圖案呈現了兩個卡斯提雅王國和列昂王國的結合。

▼ 莫夕亞

帶有盾牌徽章的傳統紅白背景上有一艘船和一座城堡。

▼ 亞拉岡

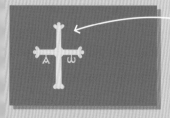

黃色和紅色的條紋代表戰役中的亞拉岡國王金色盾牌上的鮮血。

▼ 卡斯提雅列昂

▼ 納瓦拉

在紅色的背景上可以看到納瓦拉的中世紀圖案:金色鎖鏈、翡翠和一頂皇冠。

▼ 阿斯土利亞

藍色背景上的維多利亞十字象徵聖母瑪利亞。

紅色背景上的金色城堡是卡斯提雅的歷史象徵。

▼ 卡斯提雅曼查

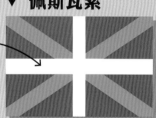

紅色代表比斯開灣。白色象徵上帝、綠色象徵獨立。

▼ 佩斯瓦索

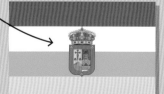

▼ 巴利阿里群島

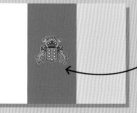

有馬約卡島首都帕爾馬的圖案。

紅色代表亞拉岡國王在金色盾牌上的鮮血。

▼ 加泰隆尼亞

盾牌徽章的圖案包括貝殼和城堡。旗子上的紅色代表葡萄酒、白色代表天空、綠色代表田野和森林,而黃色代表土地。

▼ 拉里奧哈

這些是傳統的中世紀顏色。盾牌徽章上有皇家的圖騰。

▼ 加那利群島

白色、藍色和黃色的條紋代表特內里費島和卡納里亞島。盾牌徽章上有兩隻狗。

▼ 艾斯垂馬杜拉

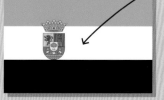

裝飾性的藍色條紋代表瓦倫西亞。紅色和黃色條紋象徵瓦倫西亞和亞拉岡國王的連結。

▼ 瓦倫西亞

安道爾

採用日期：1993年
比例：7：10
用途：國家和民用
設計說明：三條藍色、黃色和紅色的直條紋，中間是安道爾的盾牌徽章。

安道爾的盾牌徽章代表國家的獨立，徽章上還有從前的盾牌圖案。

藍色、黃色和紅色的三色設計可以追溯到1866年。

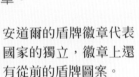
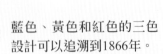

紅色和藍色來自於法國國旗。

紅色和黃色則是西班牙的顏色。

安道爾是一個位於西班牙和法國之間的內陸小公國。過去幾百年來，這兩個國家統治著安道爾，這段歷史也反映在國旗的顏色和圖形上。盾牌徽章左上角的主教帽象徵著西班牙烏節爾（Urgel）主教；在右邊底部的兩隻紅牛則代表了靠近法國的貝安省。

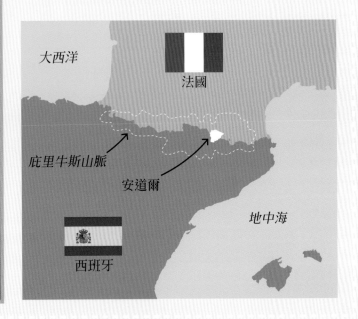

大西洋
法國
庇里牛斯山脈
安道爾
地中海
西班牙

法國

採用日期：1794年
比例：2：3
用途：國家和民用
設計說明：三條藍色、白色和紅色的直條紋。

紅色和藍色是首都巴黎的傳統顏色，這些顏色曾經代表天主教的聖徒。

白色是皇家波本（Royal House of Bourbon）的顏色，也被視為是國家的古老象徵。

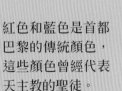
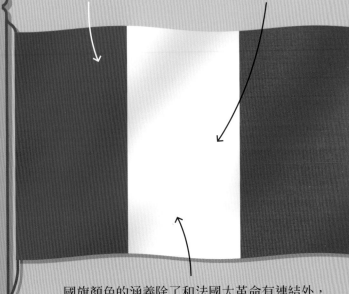

國旗顏色的涵義除了和法國大革命有連結外，有時候也象徵高貴（紅色）、神職人員（白色）和普羅大眾（藍色）。

法國國旗又稱為三色旗，許多國家也仿效了這種三條紋的設計。在法國大革命後，法國變成了共和國，開始採用這面旗子。國旗顏色則反映了法國大革命的理念：藍色代表自由、白色代表平等、紅色代表博愛。

用於國旗上的顏色，在法國大革命期間，也出現在巴黎帽子的玫瑰緞帶花結上。

法國的海外區域

這些海外地區有許多不同的政府管理體制。大部分的區域使用法國的三色旗，但是有些國家仍然保有它們自己的國旗；而有些國家，當地人則在一般場合使用非正式的旗子。

這些法國領地有自已的官方旗子。

▼ 法屬玻里尼西亞

有紅色和白色的條紋、一只獨木舟和一個金色的太陽。獨木舟上的五個船員代表法屬玻里尼西亞的五個島嶼群。

▼ 新喀里多尼亞島

在新喀里多尼亞島上，法國的三色旗和喀納卡原住民的旗子是一同飄揚的。旗子上有藍色、紅色和綠色的橫條紋，還有一個可以在傳統喀納卡屋頂上發現的圖形。

大部分的海外領地都使用正式的法國國旗，但是也有自己在非官方場合使用的旗子。

▼ 法屬圭亞那

有黃色和綠色的三角形，以及一顆紅色星星。

▼ 法屬瓜地洛普

有一顆黃色的太陽圖形和甘蔗。

▼ 馬丁尼克島

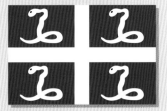

在藍色的背景上有一個白色的十字和四隻白蛇。

▼ 美約特島

旗子上有兩隻海馬。

▼ 留尼旺島

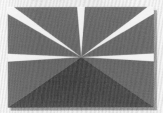

市政旗有一座火山圖形和太陽的光芒。

▼ 聖皮埃赫和密克隆

旗子上有一艘三桅船。

▼ 聖巴瑟米島

旗子上有島上的盾牌徽章圖形。

▼ 聖馬丁島

這座島嶼群有兩面非官方的旗子。一面有島嶼的盾牌徽章圖形，而上方這面旗子則是另一個版本。

▼ 瓦利斯和富圖納群島

左上方有一面法國三色旗，右下是一個白色背景上的X十字圖形。

摩納哥

採用日期：1881年

比例：4：5

用途：國家和民用

設計說明：紅色和白色的橫條紋。

摩納哥是一個獨立的城邦，也是世界上僅次於梵蒂岡（見第91頁）第二小的國家。自13世紀以來，格利馬迪（Grimaldi）家族便統治此地。它的國旗和印尼國旗（見第160頁）一模一樣，只是比例上不同。

國旗上的紅色和白色也可以在格利馬迪的盾牌徽章上看到。

紅色和白色是統治摩納哥的格利馬迪家族的顏色。

摩洛哥的盾牌徽章出現在政府的旗子上，盾牌上還有兩名僧侶。傳說中，格利馬迪家族的士兵偽裝成僧侶潛入這座城市，征服了摩納哥。

國旗的設計發生在拿破崙時期，也呼應了法國的三色旗。

義大利

18世紀的政治團體也使用國旗上的三種顏色。

義大利曾經分裂成許多城邦，最終在1870年結合成一個國家。1946年義大利變成共和國，國旗也在這個時候移除了皇室的圖案。有些人賦予了國旗顏色特殊的意義：綠色代表鄉村、白色代表被白雪覆蓋的山，而紅色代表為國奮鬥者的熱血。

義大利的國旗被國人稱之為「il Tricolor」意為三色旗。

採用日期：1948年

比例：2：3

用途：國家

設計說明：有綠、白、紅色的直條紋。

拿破崙時期的米蘭軍隊也穿戴綠色、白色和紅色的軍服。拿破崙下令這三種顏色應該成為代表國家的顏色。

聖馬利諾

採用日期：1862年
比例：3：4
用途：國家和民用
設計說明：藍、白色的橫條紋上
有國家的盾牌徽章。

白色代表在聖馬利諾群山
上的浮雲。

國家的盾牌徽章有鐵塔諾山
的三座塔樓。

藍色象徵在群山上的天空。

據說基督教聖人聖馬利諾斯（St Marinus）在
西元4世紀初創立了聖馬利諾。它是世界上
最古老也是最小的國家之一。國旗上的三座
塔樓分別是：最先建造的瓜伊塔、現在是博
物館的切斯塔，以及曾經被用來當做監獄的
蒙塔爾。

在鐵塔諾山山頂的瓜伊塔堡壘。瓜伊塔是國旗上
三座塔樓中最古老的一座。

梵蒂岡

採用日期：1929年
比例：1：1
用途：國家和民用
設計說明：黃色和白色直條紋的
四方型設計，白色條紋上有代表
梵蒂岡的圖案。

梵蒂岡的圖案有聖彼得之鑰。黃金之鑰代表天堂力量，
而銀色之鑰則代表世俗的力量。

教宗的三層寶
石冠冕代表他
的力量。

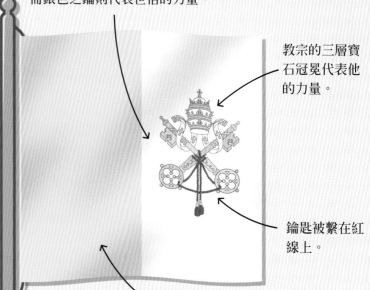

鑰匙被繫在紅
線上。

黃色和白色代表黃金和鋼鐵。
這是製造聖彼得之鑰的傳統金屬。

梵蒂岡是一座城邦，也是世界上最小的國家，
其邊界位在義大利首都羅馬城裡。這裡是教宗
所領導的羅馬天主教教堂的總部，而教宗主要
的活動地點就在聖彼得大殿裡。在基督教中，
可以在國旗上看到的聖彼得之鑰是通往天堂王
國的鑰匙，據說是耶穌基督賜與教宗的。

梵蒂岡的國旗有提到宗徒聖彼得，
其墓穴就位在聖彼得大殿裡。

喬治十字象徵二戰期間
馬爾他人的勇敢。

國旗的顏色來自西西里家族
羅傑伯爵的橫布條。在中世
紀時,他曾統治過此地。

馬爾他

採用日期:1964年

比例:2:3

用途:國家

設計說明:紅、白色直條紋,左
上角有一個喬治十字圖形。

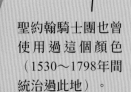

聖約翰騎士團也曾
使用過這個顏色
(1530~1798年間
統治過此地)。

喬治十字勳章是
英國表彰系統中
第二高的獎項。

馬爾他是地中海的島嶼群。有
些人說,國旗上的紅色和白色靈
感來自於奧特維勒家族的羅傑伯
爵(Count Roger of Hauteville)
,據說他將家族旗子的一角剪下
並獻給馬爾他人。這個顏色也是
曾統治過馬爾他的聖約翰騎士團
(Knights of St John)的代表顏
色。1943年二戰期間,國旗上加
上喬治十字的圖形,此圖形代表
英國皇室將象徵勇氣的勳章賜與
了馬爾他。

希臘有超過2,000座島嶼,但是只有大約170座
有人居住。藍白相間的國旗反映了傳統石灰城
鎮和藍色的海洋。

希臘

十字代表希臘基督東正教信仰。

白色代表純潔。

藍色象徵海洋和天空。

希臘國旗又被稱做「Galanolefci」，指的是「藍色和白色」。

希臘國旗和奧林匹克旗一起在雅典的帕德嫩體育場裡飄揚。1896年這裡舉辦了第一次現代的奧林匹克運動會。

採用日期： 1978年

比例： 2：3

用途： 國家和民用

設計說明： 有九條藍色、白色橫條紋相間。左上角的藍色矩形上有一個白色十字圖形。

希臘有非常古老的文明，但在19世紀時，被鄂圖曼土耳其所控制。在國旗上可以看到那個時期象徵爭取獨立的圖案，九個藍白相間的條紋象徵了希臘戰爭吶喊口號「Eleftheria i thanatos」中的九個音節。這個在希臘獨立戰爭期間使用的口號，意思是「自由或死亡」。

世界最古老的旗子

自從第一次開始成群結黨並爭奪土地開始，
人類使用旗子已經有幾世紀之久。

中國和印度的古老文獻記載了戰旗的使用。

橫幅和三角旗

第一面旗也許出現在戰爭中。這些旗子是高掛在旗桿上的橫幅或是三角旗，所以士兵可以看到並知道該前往戰場的何處。

掛在交叉旗桿上的軍事橫幅又稱窄長旗（Standard）。古羅馬士兵會攜帶這種窄長旗上戰場。旗桿上會有軍隊的象徵圖案，上頭則有一頭名為天鷹（Aquila）的銀色或金色老鷹。能夠攜帶這樣的旗子是一種莫大的榮耀，但是失去它也是一種不幸的災難。

17世紀以來，一般代表國家的旗子不再只是用在戰爭上。在第一艘探索世界的航船上，可以看到這些旗子飄揚。

在古羅馬時代，士兵會攜帶上頭裝飾有象徵權力和力量老鷹的窄長旗。

最古老旗子的傳說

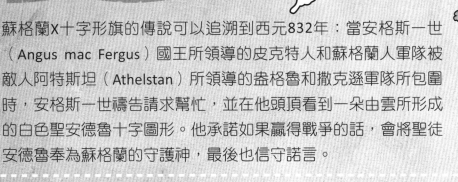

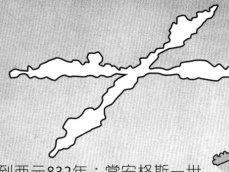

蘇格蘭X十字形旗的傳說可以追溯到西元832年：當安格斯一世（Angus mac Fergus）國王所領導的皮克特人和蘇格蘭人軍隊被敵人阿特斯坦（Athelstan）所領導的盎格魯和撒克遜軍隊所包圍時，安格斯一世禱告請求幫忙，並在他頭頂看到一朵由雲所形成的白色聖安德魯十字圖形。他承諾如果贏得戰爭的話，會將聖徒安德魯奉為蘇格蘭的守護神，最後也信守諾言。

奧地利紅白相間的旗子（見第102頁）是以中世紀的公爵為依據，並在西元1230年第一次被記載下來。據說，奧地利公爵雷歐波特五世（Leopold the Fifth）在艾可圍城之役後，他發現身上的無袖長袍沾滿了血跡。當他將皮帶取下並發現底下還是白色的，就將這個想法用在紅白條紋的國旗設計上。

拉脫維亞的國旗（見第116頁）最早有文獻記載是西元1280年，當古老的拉脫維亞部落拉特加萊人（Latgalians）為了保護里加城而戰，曾將這面旗子帶到戰場上。傳說，一名部落的領袖在受傷嚴重時，曾經用白色床單包裹住傷口。當他死亡時，床單的邊角因為沾滿了他的鮮血而變成紅色。為了表揚他，這張床單便飄揚在下一場戰役中，最後此部落贏得了這場戰役。

丹麥國旗（見第112頁）又稱為丹尼布洛，是世界上最古老、一直持續被使用的國旗。自西元1307年以來又或許更早，全丹麥便開始懸掛這面國旗。傳說中，在1219年抵抗愛沙尼亞人的戰役期間，丹麥國王瓦爾德瑪二世（Valdemar II）在祈禱戰爭贏得勝利後，這面旗子便從天而降。

據說，勇士喬治‧卡斯特里奧蒂（George Castriot），又被稱為斯堪德培，在15世紀時就已經舉著這面阿爾巴尼亞的國旗（見第97頁）。為了抵禦那時統治該地的土耳其人，他在自己的堡壘上懸掛這面旗子。在阿爾巴尼亞的歷史裡，斯堪德培是有名的英雄。

保加利亞

採用日期：1990年
比例：3：5
用途：國家和民用
設計說明：有白色、綠色和紅色三種橫條紋。

在鄂圖曼土耳其統治保加利亞將近500年的期間，這個國家不被允許擁有自己的旗子。西元1908年當保加利亞宣布獨立，國旗則以俄羅斯國旗為依據設計（見第120頁）。到了20世紀，在共產黨統治期間，國旗的設計又再度改變，但是在1990年結束共產黨統治後，舊的樣式又再度被採用。

綠色代表保加利亞的風景和一個年輕國家的誕生。

白色象徵和平。

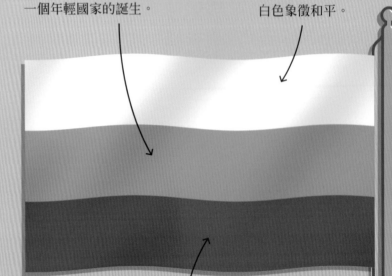

紅色代表勇敢。

保加利亞國旗上的綠色據說代表國家的農業財富。

北馬其頓

紅色是傳統北馬其頓旗的顏色。

太陽象徵國家新的開始。

採用日期：1995年
比例：1：2
用途：國家和民用
設計說明：在紅色背景上有一個向外延伸、具有八道黃色光芒的黃色太陽圖形。

北馬其頓曾經是現在已經分解的南斯拉夫的一部分。1992年宣布獨立時，政府採用了現在這面太陽旗，其圖形又稱為「自由之輝」。2018年，北馬其頓正式採用現在這個國名時，和希臘的國名之爭也暫告一段落。順帶一提，希臘也有一些地區叫做馬其頓。

獨立後的北馬其頓的第一面旗子，中間有一個維吉娜（Vergina）太陽的圖案。這個圖案來自古希臘時代。希臘拒絕北馬其頓使用這個圖案，但是新的國旗設計已經解決了這個紛爭。

阿爾巴尼亞

採用日期：1992年

比例：5：7

用途：國家

設計說明：紅色的背景上有個雙頭黑色老鷹的圖形。

黑色老鷹的圖形來自15世紀左右所使用的旗子。這個圖形代表了國家的獨立。

紅色象徵勇氣和力量。

一位名叫喬治‧卡斯特里奧蒂的勇士在15世紀對抗土耳其人時，第一次舉起了這面阿爾巴尼亞的雙頭老鷹旗。當他改信伊斯蘭教時，便改名為斯勘培德，因此這面旗子又有「斯堪培德旗」之稱。阿爾巴尼亞有時也稱為「老鷹之國」。傳說中，阿爾巴尼亞的第一位國王，從保護他的老鷹那裡，得到了無堅不摧的力量。

阿爾巴尼亞的古鷹也是現在國家驕傲的象徵。

科索沃

採用日期：2008年

比例：5：7

用途：國家和民用

設計說明：藍色背景上有一個黃色的國家輪廓，上面還有六個白色星星。

星星代表科索沃的六個族群。

白色象徵和平。

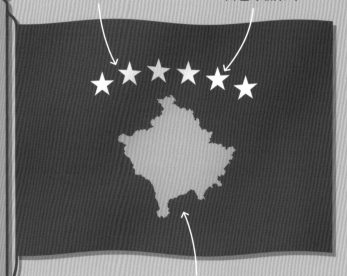

藍色和黃色來自歐盟的國旗。

科索沃曾經是南斯拉夫的一部分。在舊國家解體後，塞爾維亞和科索沃爆發暴力衝突，自此之後，聯合國和北約組織便監管了這個區域。2008年科索沃宣稱脫離塞爾維亞獨立，並舉辦了新國旗的設計比賽。塞爾維亞對科索沃的獨立依然有異議，有些國家也拒絕承認科索沃和它的國旗。

科索沃有被白雪覆蓋的山脈，並在2018年第一次舉辦冬季奧林匹克運動大賽。

蒙特內哥羅

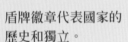

採用日期：2004年

比例：1：2

用途：國家和民用

設計說明：在帶有黃色邊框的紅色背景之上，是蒙特內哥羅歷史上君主體制的盾牌徽章。

盾牌徽章代表國家的歷史和獨立。

紅色象徵蒙特內哥羅的人民。

蒙特內哥羅是一個多山脈的國家，還有著豐富的野生動植物——境內的杜米托山國家公園是熊和狼的家鄉。幾世紀以來，蒙特內哥羅一直是獨立的王國。在一次大戰後，變成了南斯拉夫的一部分，但最終在2006年和塞爾維亞分裂。國旗是以舊皇家橫幅為依據，並且還有曾統治過這裡的佩脫維克·奈哥斯王朝（Petrovic-Njegos）的盾牌徽章。

在蒙特內哥羅的杜米托山國家公園裡，可以看到金色老鷹翱翔天際。

波士尼亞與赫塞哥維納

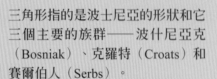

採用日期：1998年

比例：1：2

用途：國家和民用

設計說明：藍色背景上有一個黃色三角形和一排白色的星星。

三角形指的是波士尼亞的形狀和它三個主要的族群——波什尼亞克（Bosniak）、克羅特（Croats）和賽爾伯人（Serbs）。

藍色、黃色和星星指的是歐盟的旗子，也代表和平與團結。

國旗最上方和最下方被切割開來的星星可以組合在一起，變成另一顆完整的星星。

一直到1992年南斯拉夫解體之前，波士尼亞和赫塞哥維納都是這個國家的一部分。不久之後，政府採用了新國旗，但是許多人並不認同。1993年，國內的族群波什尼亞克人、克羅特人和賽爾伯人爆發內戰。現在的國旗是1998年採用的，其設計刻意保持中性，代表全部的族群。

來自歐洲的靈感

科索沃、波士尼亞和赫塞哥維納的國旗靈感都來自歐盟的旗子（見第176頁）。藍色的背景代表歐洲的藍天，而星星圍成的圓圈則代表歐洲國家的合作並行。

科索沃

波士尼亞與赫塞哥維納

盾牌徽章的設計來自歷史上的朝代象徵。

國旗使用了代表泛斯拉夫主義的顏色（見下圖）。

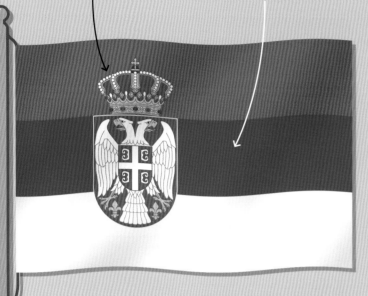

塞爾維亞

採用日期：2010年
比例：2：3
用途：國家和民用
設計說明：紅色、藍色和白色三種橫條紋。國旗會使用盾牌徽章，民用旗（用在非政府組織上）則捨棄了盾牌徽章。

泛斯拉夫主義旗子

19世紀巴爾幹半島的斯拉夫人要求獨立。藍色、白色和紅色則被選來代表泛斯拉夫主義運動。這面旗子

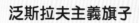

的靈感來自於俄羅斯國旗和法國大革命，分別代表榮耀（藍色）、純潔（白色）以及爭取自由過程中所流的鮮血（紅色）。許多巴爾幹國家會或多或少在旗子上使用這些顏色。

直到南斯拉夫解體前，塞爾維亞屬於這個國家的一部分。一開始，塞爾維亞和蒙特內哥羅結盟，但是2006年兩國分裂。新國旗很像19世紀末所採用的國旗，那時的國旗首次出現雙頭老鷹的圖案。儘管塞爾維亞不再是君主政體，現在的國旗上還是保有皇室的歷史皇冠。

羅馬尼亞

採用日期：1989年
比例：2：3
用途：國家和民用
設計說明：紅色、黃色和藍色三種直條紋。

藍色代表川西凡尼亞省。

黃色象徵瓦拉幾亞省。

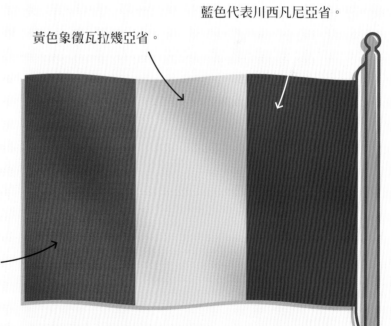

紅色代表摩爾達維亞省。

羅馬尼亞的盾牌徽章上也呼應了國旗的顏色。

瓦拉幾亞、摩爾達維亞和川西凡尼亞三個省分的結合創造出現代的羅馬尼亞，國旗就是這段歷史的象徵。國旗已經使用這三個顏色好幾年，但是旗子上曾經出現其他的裝飾圖案。現在羅馬尼亞的國旗和查德的國旗（見第68頁）很像，唯一不同之處是羅馬尼亞國旗的藍色比較淡。

摩爾多瓦

採用日期：1990年
比例：1：2
用途：國家和民用
設計說明：藍色、黃色和紅色三種直條紋，摩爾多瓦的徽章就位在中間。

金色的老鷹嘴巴啣著一把基督教十字架，一隻爪子則抓著和平的橄欖枝。

原牛的頭、星星、玫瑰和新月是這個國家的傳統象徵。

因為摩爾多瓦和羅馬尼亞歷史上的連結，所以兩國的國旗顏色一模一樣。摩爾多瓦曾是中世紀的王國，之後變成羅馬尼亞以及舊蘇聯的一部分。它的國旗是世界上少數背面為不同設計的旗子*。國旗中間的盾牌設計是正面的鏡面反射，而老鷹的另一隻爪子握著橄欖枝。

＊注：至2010年，已取消此設計，正反兩面都一樣。

國家盾牌徽章上的原牛圖形是17世紀滅絕的大型野牛。牠們曾經分布在歐洲和亞洲。

匈牙利

採用日期：1957年
比例：1：2
用途：國家和民用
設計說明：有紅色、白色和綠色三種橫條紋。

白色代表信仰和自由，也代表這個國家的河流。

紅色代表力量、勇氣和戰爭中所流的鮮血。

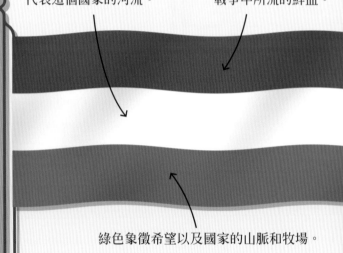

綠色象徵希望以及國家的山脈和牧場。

1957年匈牙利政府採用了現在版本的三色旗，但其設計可以追溯至幾世紀以前。這些顏色與創建該國的中世紀君主有關，同時也首度用在匈牙利的盾牌徽章上。紅色來自9世紀的阿帕德大公（Arpad）所使用的紅旗；而白色是基督教傳入時，所象徵的十字架；綠色則是盾牌徽章上代表三座山脈的綠色丘陵。

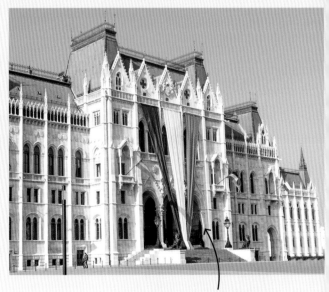

位在首都布達佩斯的國會大廈建築以國旗的顏色作為裝飾。

克羅埃西亞

紅色、白色和藍色是克羅埃西亞人盾牌徽章的傳統顏色，也是代表泛斯拉夫主義的顏色（見第99頁）。

19世紀對抗匈牙利統治的獨立軍隊也使用這些顏色，其靈感來自俄羅斯國旗（見第120頁）。

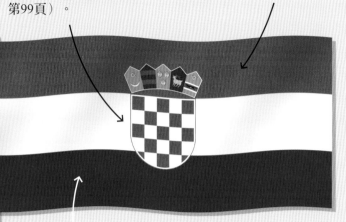

採用日期： 1990年

比例： 1：2

用途： 國家和民用

設計說明： 有紅色、白色和藍色的三種橫條紋。中間是一個格紋的盾牌徽章。

克羅埃西亞曾經是南斯拉夫的一部分。雖然在1991年已經獨立，但是現在帶有格紋盾牌徽章的三色旗卻是在1990年才開始採用。過去幾年來，格紋盾牌已經出現在國旗上很多次，但是格紋盾牌上的小盾牌則是在近年才被採納到旗子裡。

星星和新月 ＝舊克羅埃西亞

藍色和紅色條紋 ＝杜布洛尼（Dubrovnik）

獅子 ＝達爾馬提亞（Dalmatia）

山羊 ＝伊斯特里亞（Istria）

星星和松貂（像黃鼠狼一樣的動物） ＝斯拉弗里亞（Slavonia）

這些顏色也常被用來代表克羅埃西亞戰士的鮮血（紅色）、和平（白色）與對神的奉獻（藍色）。

五個小盾牌皇冠圖形就位在主要的盾牌徽章上。這些小盾牌代表不同的區域以及和克羅埃西亞的歷史聯繫。

有名的紅白格紋來自中世紀不同區域所使用的顏色。

盾牌徽章上的紅白格紋出現在國家的足球隊服上。

斯洛維尼亞

採用日期：1991年

比例：1：2

用途：國家和民用

設計說明：白色、藍色和紅色的橫條紋。盾牌徽章位在左上角。

三顆金色的星星來自采列（Celje）家族的盾牌徽章，此家族在中世紀有很大的影響力。

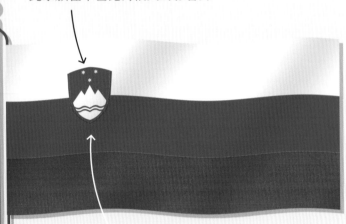

盾牌徽章上有斯洛維尼亞的山脈和海岸。

1991年南斯拉夫解體，斯洛維尼亞變成獨立國家後，創立了國旗。從國旗的設計上，展示了國家過去許多不同的面向。紅、白、藍三色歷史淵源極久，過去就曾多次使用在盾牌徽章上。19世紀時，獨立團體受到俄羅斯聯盟的啟發，也選擇這些顏色作為旗子的顏色。現在的國旗設計是取自於斯洛維尼亞一個強盛的朝代——采列家族的盾牌徽章。

盾牌徽章上有斯洛維尼亞的最高峰提里格拉夫山。

奧地利

採用日期：1945年

比例：2：3

用途：國家和民用

設計說明：兩條紅色橫條紋的中間有一條白色的橫條紋。

紅色代表中世紀戰役中所流的鮮血。

白色代表戰爭期間，公爵還未被鮮血染紅的盔甲。

奧地利曾經被哈布斯堡皇朝所統治，並且曾是奧匈帝國的一部分。在一次大戰後，奧地利變成獨立國家，從此之後，政府採用了紅白相間的國旗。據說此設計代表了中世紀奧地利統治者血濺的衣服（完整故事見第95頁）。二次大戰，當德國占領這個國家時，使用了納粹的旗子，直到1945年戰爭結束時，上面所示的舊旗子又重新使用。

奧地利城邦旗上有隻腳上繫有破碎鐵鍊、代表自由的老鷹盾牌徽章。這隻老鷹還帶著代表工業和農夫的鐵鎚和鐮刀。

皇冠代表列支敦斯登的君主和人民的團結。

國旗的顏色來自18世紀。皇室僕人的制服顏色就是使用這些顏色。

列支敦斯登

採用日期：1937年
比例：3：5
用途：國家和民用
設計說明：藍色和紅色的橫條紋，左上角有一個皇冠。

列支敦斯登的王子選擇了紅、藍色做為國旗的顏色。

列支敦斯登是世界上面積第六小的國家。它是一個多山脈、位在奧地利和瑞士中間的公國（被一位王子所統治的領土）。19世紀，列支敦斯登王子根據皇室制服的顏色選擇了紅色和藍色來做為國旗的顏色。因為列支敦斯登的國旗和海地的國旗（見第30頁）設計一模一樣，所以在1936年的奧林匹克運動會造成了困擾，此後國旗上又加上皇冠的圖案。據說藍色代表天空、紅色代表火爐，而金色代表人民。

瑞士

採用日期：1889年
比例：1：1
用途：國家和民用
設計說明：正方形的紅旗子上有一個白色十字圖形。

紅色的背景來自中世紀時期基督教的象徵。

十字圖形代表基督教信仰。

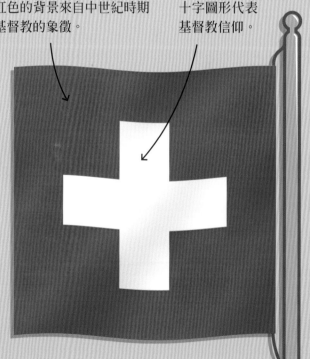

瑞士是一個有26個聯邦小行政區的國家。這些小行政區都有各自的旗子，1848年這些行政區結合成一個國家。現在的國旗設計來自一個名為什威茲（Schwyz）的行政區。一開始，神聖羅馬帝國將這面旗當做戰旗，但是現在的瑞士國旗據說代表了中立或和平。瑞士也是世界上唯二使用正方形旗子的國家之一（另一個國家是梵蒂岡，見第91頁）。

1864年的日內瓦會議上宣稱白底加上紅十字是保護的象徵，戰時的醫療人員會佩戴上這個標誌。據說會選擇這個符號是受到會議在瑞士舉行的影響。

德國

採用日期：1949年
比例：3：5
用途：國家和民用
設計說明：黑色、紅色和金黃色
三種橫條紋。

德國是由16個邦所組成的國家。
每個邦都有各自不同的邦旗。

國旗的顏色來自19世紀士兵所穿的制服顏色。
這個時期，許多不同講德語的城邦都想結合在一起。

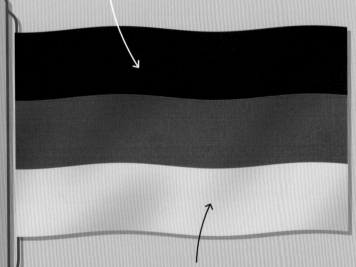

不來梅
石勒蘇益格—
荷爾斯泰因邦
梅克倫堡—
前波美拉尼亞邦
漢堡
柏林
下薩克森邦
布蘭登堡邦
北萊茵—
威斯特法倫邦
薩克森—
安哈爾特邦
薩克森邦
圖林吉亞邦
赫森邦
萊茵蘭—
普法爾茨邦
巴伐利亞邦
薩爾邦
巴登—符騰堡邦

國旗上的三種顏色也許來自神聖羅馬帝國的老鷹
和盾牌圖形（見下圖）。德國曾經屬於神聖羅馬
帝國的一部分。

1871年德國變成獨立國家時，國旗上是黑
色、白色和紅色的橫條紋。一次大戰後，政
府才採用上頭這面國旗，但是在1930年代被
納粹卍字旗所取代。現在在德國（和其他國
家），除非在歷史的場合（如電影劇情），
否則懸掛納粹的旗子是違法的。在戰後，西
德使用了上方這面旗子，而1990年東西德合
併後也使用該旗。

德國的
盾牌徽章。

神聖羅馬帝國的
盾牌徽章。

神聖羅馬帝國曾統治過這個區域。這裡所展示的徽章圖
形顏色剛好符合德國國旗的顏色。

巴伐利亞邦邦旗、德國國旗和歐盟的旗子一起飄揚。

德國的邦旗

▼ 巴登-符騰堡邦

黑色和黃色橫條紋上有一個盾牌徽章的圖形，徽章上有三隻黑色獅子。

▼ 不來梅

紅白相間的格紋圖形由上到下位在旗軸處。剩下的部分則是紅色和白色的橫條紋，中間有一個盾牌徽章。

▼ 梅克倫堡-前波美拉尼亞邦

藍、白、紅色橫條紋、一條狹長的黃色條紋和來自盾牌徽章的圖案居中。

▼ 薩克森邦

白色和綠色的橫條紋和一個盾牌徽章。

▼ 巴伐利亞邦

21個輪流交替的白色和天藍色鑽石圖形。

▼ 漢堡

紅色背景上有一座包含三座塔樓的白色城堡。

▼ 北萊茵-威斯特法倫邦

綠、白、紅色的三種橫條紋和一個盾牌徽章。

▼ 薩克森-安哈爾特邦

金色和黑色的橫條紋及一個盾牌徽章。

▼ 柏林

代表柏林市的黑熊圖案在紅色和白色的橫條紋上。

▼ 赫森邦

紅色和白色的橫條紋，中間有一個盾牌徽章。

▼ 萊茵蘭-普法爾茨邦

左上角的盾牌徽章就在黑色、紅色和金色的橫條紋上面。

▼ 石勒蘇益格-荷爾斯泰因邦

紅、白、藍色的三種橫條紋和一個盾牌徽章。

▼ 布蘭登堡邦

紅色和白色的橫條紋上有一個紅色老鷹圖案。

▼ 下薩克森邦

黑、紅、金三種橫條上，有個帶有一隻白色奔騰馬匹的紅色盾牌。

▼ 薩爾邦

盾牌徽章就位在黑、紅和金色三種橫條紋的中間。

▼ 圖林吉亞邦

紅色和白色的橫條紋，以及一個位在中間的盾牌徽章。

盧森堡

採用日期： 1972年

比例： 3：5

用途： 國家

設計說明： 紅色、白色和藍色三種橫條紋。

盧森堡是世界上最後一個被亨利‧阿爾貝‧加布里埃爾‧菲利克斯‧馬里‧紀堯姆公爵（Henri Albert Gabriel Félix Marie Guillaume）所統治的國家。盧森堡的起源可以追溯至西元963年，當第一位伯爵將一座名為盧西林堡的城堡拿來交換土地時。自1845年起，國家便將紅、白、藍三色做為國旗的顏色，但是直到1972年才正式採用。盧森堡的國旗和荷蘭的國旗（見第107頁）很類似，但是藍條紋比較淡色調，而且國旗的比例也略有不同。

國旗的顏色來自盧森堡大公爵盾牌徽章上的顏色。自13世紀便開始使用。

盧森堡一般的平民艦旗又稱為紅獅子旗。以藍白相間條紋為底，帶有一隻戴皇冠的獅子。除了國旗外，人們有時候也會用做於一些場合。

國旗設計的靈感來自象徵自由理念的法國三色旗（見第88頁）。

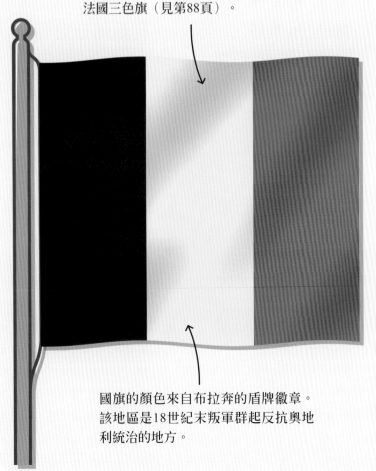

國旗的顏色來自布拉奔的盾牌徽章。該地區是18世紀末叛軍群起反抗奧地利統治的地方。

比利時

採用日期： 1831年

比例： 13：15

用途： 國家和民用

設計說明： 黑、金和紅色三種直條紋。

布拉奔的盾牌徽章可以追溯至中世紀時期。這枚徽章除了是比利時國旗顏色的靈感來源外，它也出現在比利時盾牌徽章的中間。

原本比利時的國旗有橫條紋，但是為了與荷蘭的國旗有所區別而做了更改。1830年，比利時脫離荷蘭獨立。來自布拉奔盾牌徽章上帶有紅舌的金色獅子也出現在荷蘭、比利時、盧森堡三國非官方經濟體的旗子上。

荷蘭

採用日期：1937年

比例：2：3

用途：國家和民用

設計說明：紅色、白色和藍色三種橫條紋。

顏色是根據橘色王朝威廉王子的僕人制服顏色來設計。16世紀，這位王子帶領荷蘭脫離西班牙獨立。

最上面的條紋曾經是橘色的，但是現在改為紅色。

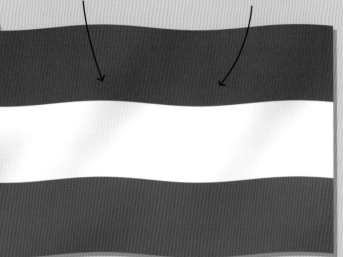

荷蘭的歷史可以追溯至好幾個世紀以前。國旗的顏色源自於第一位皇室統治者威廉一世（William I），他在16世紀帶領國家脫離西班牙獨立。綽號沉默威廉的這位皇族是橘色王朝的王子，因此原本國旗顏色有橘色。沒有人確切知道橘色條紋變成紅色的原因，也許是因為不喜歡橘色了或是政治因素。

橘色是荷蘭皇室家族的代表顏色。在許多場合，我們會看到他們穿著橘色的衣服，而在皇室生日慶典上，橘色狹長的三角旗會在國旗上方飄揚。

荷屬領土

荷蘭在海外有六個領地。每一個領地都有自己獨特的國旗。

▼ 阿魯巴島

淡藍色的背景代表天空、海洋、和平與希望；左上角有白色輪廓的紅色四角星星，代表島上的紅色土壤和白沙。而兩條狹長橫條紋據說代表當地的萬葛魯花。

▼ 薩伯島

白色鑽石圖案上的黃色五角星星代表薩伯島。上方的紅色三角區塊和下方的藍色三角區塊代表的是荷蘭。

▼ 波納爾島

右下藍色大三角代表海洋。左上方的小黃色三角則代表太陽和開花的吉巴哈查樹。白色對角條紋上有一個黑色的圓形羅盤，中間還有六角紅星代表六個定居地。

▼ 聖尤斯特歇斯島

中間白色的鑽石圖形裡有一個島嶼的圖案。紅色的輪廓將藍色的背景區分成四個五邊形。

▼ 庫拉索島

左上角有兩個代表愛和幸福的五角白色星星。代表海洋和天空的藍色背景上，有一條穿越旗子下半部的黃色橫條紋。

▼ 荷屬聖馬丁島

代表勇氣的紅色和代表和平的藍色橫條紋。白色三角形上有一個盾牌徽章，上面包括一個冉冉而升的太陽，以及一隻飛翔的鵜鶘——牠是荷屬聖馬丁島的國鳥。

英國

採用日期：1801年
比例：1：2
用途：國家和民用

設計說明：白色的十字圖形上有一個置中紅十字，而藍色背景上有白色和紅色的對角十字。

國旗的設計代表英國的聯合國。

藍色背景上的白色對角十字代表蘇格蘭的聖安德魯十字。

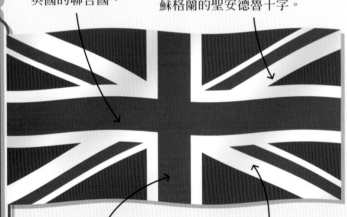

白色背景上的紅十字代表英格蘭的聖喬治十字。

白色背景上的紅色對角十字代表愛爾蘭的守護神聖派翠克。北愛爾蘭是英國的一部分。

西元1707年英格蘭、蘇格蘭和威爾斯聯合組成了英國。1801年愛爾蘭加入，但是1921年南愛爾蘭變成獨立國家，所以現在的國旗是大不列顛暨北愛爾蘭聯合王國的國旗。

旗子中的數學

在西元1603年變成英格蘭和威爾斯國王的蘇格蘭詹姆斯六世，下令設計了英國聯合旗。詹姆斯國王選擇將下列用在船隻上的小旗子結合在一起，這也是英國國旗被稱為聯合旗的原因。

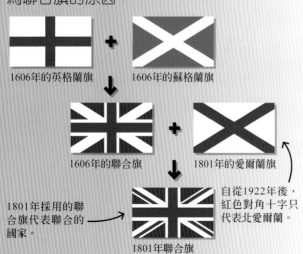

1606年的英格蘭旗　　　　1606年的蘇格蘭旗

1606年的聯合旗　　　　1801年的愛爾蘭旗

1801年採用的聯合旗代表聯合的國家。

自從1922年後，紅色對角十字只代表北愛爾蘭。

1801年聯合旗

英國構成國的旗子

三個英國構成國有各自的旗子

▼ 英格蘭

有代表英格蘭守護神的聖喬治紅十字圖形。中世紀時，這面旗變成英格蘭的國旗。

並非所有的北愛爾蘭的政黨都正式同意這面旗子，但是在特殊場合會使用這種帶有聖派翠克對角十字的旗子。

▼ 北愛爾蘭

在深藍色背景上的白色對角十字圖案代表了蘇格蘭的守護神聖安德魯。在第95頁可以找到這個神奇圖案的傳說。

▼ 蘇格蘭

▼ 威爾斯

根據傳說，這個紅龍是威爾斯的古老象徵。在白色的天空下，這隻紅龍坐落在綠色的景觀上。

這些被稱為皇家屬地的島嶼有他們自己的政府，但是英國仍對其負責。

聖喬治十字圖形上加了一個金色的十字。這面旗子來自西元1066年征服英格蘭的諾曼地威廉（William of Normandy）。根息島曾經是諾曼地公爵領地的一部分。

▼ 根息島

▼ 曼島

旗子上有一個帶著冑甲並穿著金色馬刺的三腿圖案。曾經統治過這座島的維京人可能曾經使用過這個非常古老的圖騰。

白色的背景上有一個聖派翠克紅色對角十字圖形，上頭則有一個皇家的盾牌徽章。這面旗子由英格蘭的盾牌和一個金色皇冠所組成。

▼ 澤西島

英國海外領地

英國有14個海外領地，而每一個領地都有他們自己的國旗。大部分國旗的左上角都有聯合旗的圖案。

▼ 安吉拉島

藍色艦旗帶有安吉拉島的盾牌徽章，其上有藍色海洋，以及三隻海豚。這三隻海豚代表團結、力量和堅忍。

▼ 阿森松島

帶有盾牌徽章的藍色艦旗上有烏龜的圖案。

▼ 百慕達群島

紅色的艦旗有百慕達的盾牌徽章。這枚徽章上有一隻握著代表沉船盾牌的獅子（想知道更多故事，見第155頁）。

▼ 英屬印度洋領地

旗上有藍色和白色的波浪紋、一棵棕櫚樹和一個象徵領地的皇冠。波浪的條紋象徵印度洋。

▼ 英屬維京群島

帶有盾牌徽章的藍色艦旗上有一個聖烏蘇拉像。據說這是一名修女，她和11,000名追隨者殉教。徽章上的燈則代表這些追隨者。當哥倫布發現這座島嶼時，成為第一位替這座島嶼命名的人。

▼ 開曼群島

藍色的艦旗上有開曼群島的盾牌徽章。三顆星星代表三座主要的島嶼，鳳梨的圖案則呈現了開曼群島和牙買加的關係。

▼ 福克蘭群島

帶有福克蘭群島盾牌徽章的藍色艦旗上有一隻公羊和一艘名為「慾望號」的船隻。這艘船是發現這座島嶼的英國船隻的船名。

▼ 直布羅陀

旗子上有白色和紅色的橫條紋。有三座塔樓的紅色城堡和一把金色鑰匙代表直布羅陀的要塞。

▼ 蒙特塞拉特島

帶有島嶼盾牌的藍色艦旗上有一個擁抱基督教十字架、握著愛爾蘭豎琴、身穿綠色洋裝的女人。1632年，愛爾蘭的犯人會被送到這座島。

▼ 皮特凱恩群島

藍色艦旗上有島嶼的盾牌徽章。島上的定居者是邦蒂號叛變者的後代，而旗子上的錨和聖經代表了這段故事。

▼ 南喬治亞和南桑威奇群島

藍色艦旗帶有盾牌徽章，上面有一隻長冠企鵝和海狗。

▼ 聖赫勒拿島

藍色艦旗帶有盾牌徽章，上面有聖赫勒拿島的短尾長腿鳥，以及一艘三桅船。

▼ 特里斯坦庫涅群島

藍色艦旗帶有盾牌徽章，上面有信天翁和龍蝦的圖案。

▼ 特克斯和凱科斯群島

藍色艦旗帶有盾牌徽章，上面有海螺殼、淡水龍蝦和仙人掌的圖案。

地圖標示：
曼島
澤西和根息島
直布羅陀
百慕達群島
特克斯和凱科斯群島
安吉拉島
英屬維京群島
蒙特塞拉特島
開曼群島
皮特凱恩群島
阿森松島
聖赫勒拿島
英屬印度洋領地
特里斯坦庫涅群島
福克蘭群島
南喬治亞和南桑威奇群島

愛爾蘭

採用日期：1937年

比例：1：2

用途：國家和民用

設計說明：綠色、白色和橘色三種直條紋。

綠色象徵基督天主教。

橘色代表基督教的新教徒。

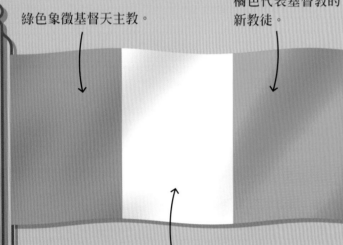

白色代表天主教徒和新教徒的團結。

當1949年愛爾蘭正式宣布成為共和國時，現代的國家也隨之誕生。這面國旗是根據19世紀一位追求獨立的民族主義者所用的旗子來設計，其靈感來源是法國的三色旗。顏色很像象牙海岸的國旗（見第72頁），但是順序相反。這面國旗也很像義大利國旗（見第90頁），但是義大利用紅色的直條紋來取代橘色。

因為綠色的景觀，愛爾蘭常常被稱為翡翠島嶼。國家的運動員會穿著如國旗上綠色的運動服。

冰島

採用日期：1915年

比例：18：25

用途：國家和民用

設計說明：藍色背景上有一個帶有白色邊框的紅色北歐十字。

冰島人的傳統服飾顏色是藍色和白色。

藍色和白色也指的是冰島的盾牌徽章。

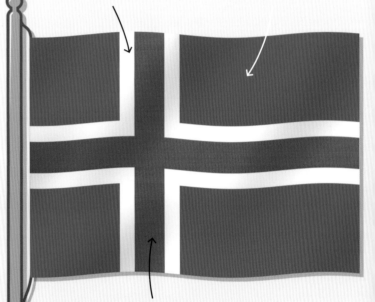

北歐十字代表斯堪地那維亞的團結。

冰島曾被丹麥統治，所以國旗設計也受到丹麥國旗的啟發（見第112頁）。1944年當冰島變成共和國時，將國旗上代表環繞冰島的大西洋的藍色變得更深。紅色代表冰島活躍的火山地形、間歇噴泉、熔岩地形和噴發的火山，剩下的白色則代表冰封的景觀。

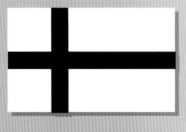

斯堪地那維亞的維京人第一個定居地是冰島。我們可以從這面旗子上看到和斯堪地那維亞的連結。

北歐十字

北歐十字出現在斯堪地那維亞的旗子上。十字的直線並沒有出現在旗子的中間，而是靠近旗軸。1748年設計了這樣的旗子並用在丹麥的船隻上。

挪威

北歐的十字圖形
象徵基督教。

國旗顏色的靈感來自
法國和美國的國旗。

採用日期：1821年
比例：8：11
用途：國家和民用
設計說明：有一個白色輪廓的藍色北歐十字圖形和紅色的背景。

挪威先後被丹麥與瑞典統治過，在1905年時成為獨立國家。國旗上的紅、白和藍色受到了法國和美國國旗的啟發，這些顏色代表挪威想脫離瑞典獨立的渴望。顏色並不是這面國旗唯一和其他國家的關聯——挪威國旗又稱為「國旗之母」，因為可以在這面國旗上發現其他國旗的蹤跡……

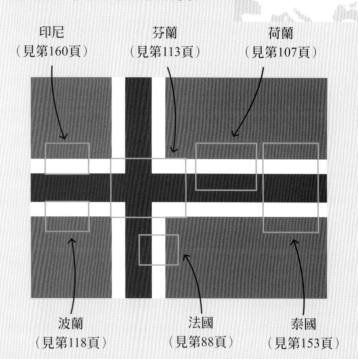

印尼
（見第160頁）

芬蘭
（見第113頁）

荷蘭
（見第107頁）

波蘭
（見第118頁）

法國
（見第88頁）

泰國
（見第153頁）

挪威是舉辦過世界上最成功的冬季奧林匹克運動會的國家。

丹麥

採用日期：1625年

比例：28：37

用途：國家和民用

設計說明：紅色背景上有一個白色的北歐十字圖形。

北歐十字代表基督教。

紅色象徵耶穌基督的鮮血。

丹麥的國旗是世界上最古老的國旗之一。這面旗子是金氏世界紀錄上最古老的、並一直持續使用到今日的國旗。這面被稱為「丹尼布洛（Dannebrog）」的國旗，其設計和一段不尋常的傳說有關（見第95頁）。據說這面國旗是從天而降來的奇蹟，儘管有些人認為也許是天主教教宗賜給這個國家的。

據說國王瓦爾德瑪二世曾目睹丹麥國旗從天而降。

丹麥領地

格陵蘭島

法羅群島

丹麥

丹麥有兩個自治海外領地——世界最大島格陵蘭島和法羅群島。

▼ 格陵蘭島

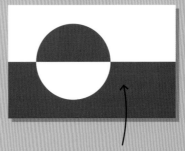

旗子上有白色和紅色的橫條紋，上面有一個紅白相間的圓盤圖形。白色代表冰和雪，紅色則代表海洋和太陽。

▼ 法羅群島

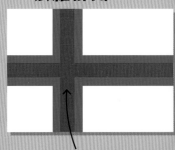

白底之上有一個藍色輪廓的紅色北歐十字圖形，白色代表著天空和海洋。國旗又被稱為「Merkid」，意為橫布。

格陵蘭島以彩色的房屋而聞名。

瑞典

採用日期：1906年

比例：5：8

用途：國家和民用

設計說明：藍色背景上有一個黃色的北歐十字圖案。

藍色和黃色來自中世紀的盾牌徽章。

北歐十字和丹麥的國旗相互輝映，反映了兩個國家的歷史關係。

儘管直到20世紀才正式採用這面瑞典國旗，但是國旗的顏色卻可以追溯到14世紀。富康朝代的盾牌徽章、中世紀這區的統治者都有使用這些顏色。當瑞典脫離挪威成為一個獨立國家時，才正式採用現代國家的旗子。

挪威和瑞典的聯合圖案

這個圖案結合了挪威和瑞典的國旗，也象徵了兩國的聯合（1844～1905年）。在那個時期，兩國還共用君主和貨幣。

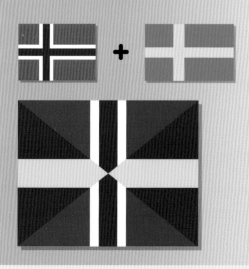

芬蘭

採用日期：1918年

比例：11：18

用途：國家和民用

設計說明：白色背景上有一個藍色的北歐十字圖形。

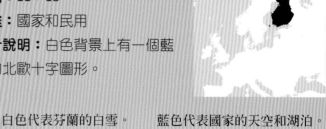

白色代表芬蘭的白雪。

藍色代表國家的天空和湖泊。

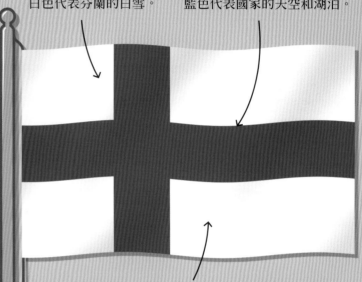

國旗顏色也是傳統芬蘭當地旗子的顏色。

1917年當芬蘭脫離俄羅斯獨立後，便採用了現在這面旗子。而早在1870年時，一位詩人便已經描繪國旗所使用的顏色：「我們湖泊的藍色和冬季的白雪」。國旗的北歐十字圖形代表了芬蘭和其他斯堪地那維亞的連結。

艾蘭（ÅLAND）群島

芬蘭的艾蘭群島是位在波羅的海上的自治領地。他們有自己的旗子，其背景為藍色，上面有個金色輪廓的紅色十字圖案。

艾蘭群島

暗語旗

暗語旗是一種使用小型手旗的視覺信號密碼。當發生海戰,船隊間必須快速傳遞訊號時,這種暗語旗便派上了用場。

法國人克勞德‧查配(Claude Chappe)在1792年發明了暗語旗。他的系統是在相隔幾里遠的法國城市塔樓頂設置移動木桿,像是一種木製手臂。從遠方透過望遠鏡便可以看到這種信號。

在陸地上,暗語旗信號會從高塔頂端發送。

讀懂信號

信號可以指的是數字或是字母。如果要發送數字信號,發送者會先開始舉出數字記號的旗語。旗語「J」之後是純字母的信號。

暗語旗（Semaphore）來自兩個希臘字詞，指的是「信號傳遞者」。用在陸地上的暗語旗是藍白旗；在海上使用的則是紅色和黃色的暗語旗。暗語旗很少用在現代的船隻上。

日本海軍使用日語的暗語旗。它的字母大約是英文暗語旗的兩倍，所以許多字母需要兩種暗語旗信號。

待機／空格　　數字記號　　錯誤／注意　　**A-1**　　**B-2**

F-6　　**G-7**　　**H-8**　　**I-9**　　**J-0**

N　　**O**　　**P**　　**Q**　　**R**

V　　**W**　　**X**　　**Y**　　**Z**

愛沙尼亞

採用日期：1990年

比例：7：11

用途：國家和民用

設計說明：有藍色、黑色和白色三種橫條紋。

藍色代表國家的海洋、湖泊和天空。

黑色代表地球和國家的黑森林，也代表過去艱困的歲月。

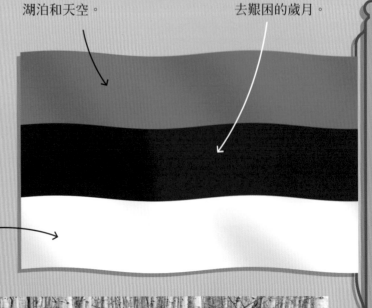

愛沙尼亞的國旗顏色在1880年代時，便由一群愛沙尼亞學生所選出，但是這面旗子花了超過一個世紀才正式成為國旗。那時候，愛沙尼亞還是俄羅斯帝國的一部分。1917年俄國革命後，這面國旗成為國家新獨立的象徵。但是在二次大戰期間，愛沙尼亞再度由蘇聯掌控。一直到1990年代獨立前，這面旗子雖然是愛沙尼亞文化和歷史強而有力的象徵，卻只能祕密使用。

白色象徵國家的白雪和許多白樺樹的樹皮，也代表純潔和國家爭取自由。

深紅色代表13世紀時一名垂死族人領袖的鮮血。這是國家勇氣和為自由而奮鬥的意志象徵。

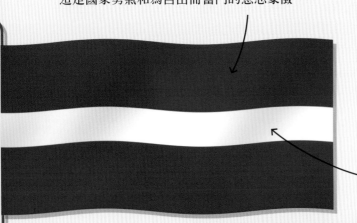

拉脫維亞

採用日期：1990年

比例：1：2

用途：國家和民用

設計說明：兩條深紅色的橫條紋中有一條狹長的白色橫條紋。

白色代表覆蓋在這名垂死領袖上的布。

在西元2016～2018年間，為了慶祝國家創立一百週年，拉脫維亞送上一面特製的旗子，並開啟造訪居住在不同國家的拉脫維亞人的環遊世界之旅。

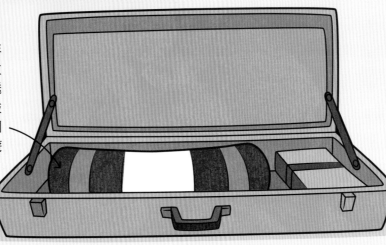

拉脫維亞的國旗設計可以追溯至中世紀，源自於一則可怕鬥士的傳說和一張沾滿血跡的布（見第95頁）。當蘇聯控制拉脫維亞時，這面國旗被禁止使用，直到1991年獲得獨立時，才重新採用。

立陶宛

採用日期： 1918年

比例： 3：5

用途： 國家和民用

設計說明： 有黃色、綠色和紅色三種橫條紋。

立陶宛的紅色盾牌徽章上，有個一手持劍、一手持盾，騎在馬背上的騎士。

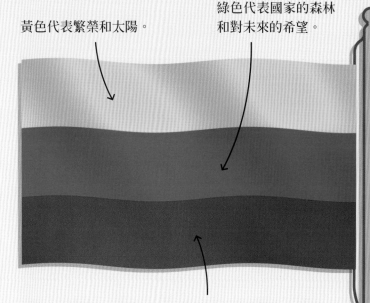

黃色代表繁榮和太陽。

綠色代表國家的森林和對未來的希望。

來自中世紀盾牌徽章上的紅色代表英勇的行為和勇氣。

立陶宛的歷史反映在國旗設計上。這個地區在中世紀時使用整面紅旗，當立陶宛在1918年脫離俄羅斯帝國獨立，國旗上首次使用這三種顏色。就像許多鄰國一樣，在二次大戰期間，立陶宛變成蘇聯的一部分，幾十年以來，任何有關國家地位的符號都是被禁止的。1991年立陶宛脫離蘇聯獨立不久後，這面國旗才又被重新採用。

白俄羅斯

採用日期： 1995年

比例： 1：2

用途： 國家和民用

設計說明： 有紅色和綠色的橫條紋，以及一條用傳統布料設計、沿著旗軸的豎條。

在白俄羅斯，紅色和白色是編織布料的傳統顏色。紅色的圖形代表生命和幸福。

以前的旗子上會使用紅色和綠色，這些顏色是來自國家的盾牌徽章。

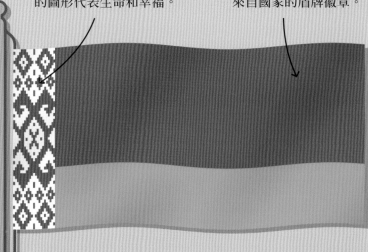

在白俄羅斯的慶典上，人們常常穿著傳統的服飾。國旗反映了這種白底紅色的圖形。

白俄羅斯的傳統布料有紅白相間的幾何圖形，也出現在國旗上。從1951～1991年脫離蘇聯獨立之前，國旗上的這個圖形是紅底白花紋，左上角還有蘇聯的鐵鎚和鐮刀圖案。現在白俄羅斯和俄羅斯的關係仍然很緊密。

波蘭

採用日期：1919年
比例：5：8
用途：國家
設計說明：白、紅色兩種橫條紋。

國旗的顏色來自盾牌徽章。徽章的紅色背景上有一隻白色的老鷹。

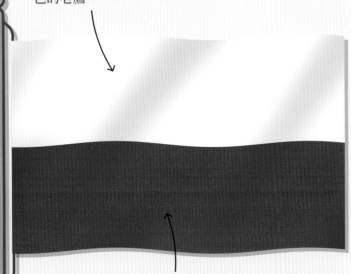

自中世紀以來，波蘭皇家橫幅便使用白色與紅色。

自從一次大戰結束後，波蘭國旗的樣式仍然相當類似之前使用的旗子——紅條紋在下、白條紋在上。在二戰納粹占領期間，國旗正式被取代，但是來自波蘭反抗勢力的士兵依然頑強地舉著這面旗子。在共產統治下，政府重新採用了紅白旗，但是過去這幾年，實際上紅色的色調就改了好幾次。

看上去很類似？

雖然顏色比例不同，但是印尼和摩納哥的國旗都有紅色和白色的橫條紋（和波蘭國旗的顏色順序相反）。

波蘭

印尼

摩納哥

捷克共和國

採用日期：1920年；1993年重新採用
比例：2：3
用途：國家和民用
設計說明：左邊是一個藍色三角形，右邊則是白、紅色的區塊。

加上去的藍色三角形象徵斯洛伐克區（現在是分開的國家）。這也讓捷克的國旗看上去和波蘭的國旗不同。

白色和紅色是波西米亞王國的傳統顏色，而現在這個王國是捷克的一部分。

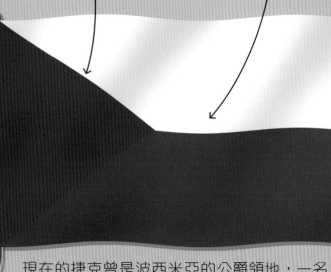

現在的捷克曾是波西米亞的公爵領地，一名強大的國王曾統治於此。自1920年至今，在歷史上的動亂時期，該地區被稱為捷克斯洛伐克時，這個區域的旗子經歷了許多改變。1993年捷克斯洛伐克分裂成兩個國家——捷克共和國和斯洛伐克。捷克共和國重新採用了1920年所使用的旗子，而斯洛伐克則設計了新國旗。

一面國旗的演進

在過去100多年以來，捷克的國旗改變了好幾次。

直到1918年的波西米亞王國

1918～1920年間的捷克斯洛伐克

1920～1939年間的捷克斯洛伐克

1939～1945年德國占領期間，波西米亞和摩拉維亞（Moravia）的保護國

1945～1992年間的捷克斯洛伐克

1990～1992年間在捷克斯洛伐克裡的捷克共和國

斯洛伐克

盾牌徽章有基督教的十字和斯洛伐克的山脈。

白色、藍色和紅色是泛斯拉夫主義的顏色（見第99頁），這些顏色代表斯拉夫人的團結。

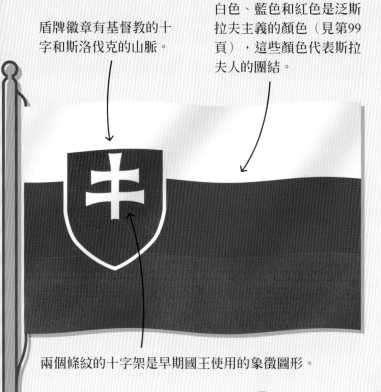

採用日期：1992年

比例：2：3

用途：國家和民用

設計說明：白色、藍色和紅色三種橫條紋。中間偏右是國家的盾牌徽章。

當斯洛伐克和捷克共和國分裂時，政府才採用了這面國旗設計。在盾牌徽章上有兩個條紋的十字架稱為父權十字。從9世紀開始，東歐的教堂便開始使用這種十字架。三個藍色的凸狀物象徵圍繞在斯洛伐克的三座山脈——法特拉山脈、馬特拉山脈和塔特拉山脈。

兩個條紋的十字架是早期國王使用的象徵圖形。

歐洲各地基督教的十字架圖形都不一樣。我們可以在這裡看到盾牌徽章和國旗上會使用的一些十字架圖形。

父權十字　　俄羅斯東正教十字　　希臘十字　　拉丁十字　　教宗十字

烏克蘭

採用日期：1992年

比例：2：3

用途：國家和民用

設計說明：有藍色和黃色兩種橫條紋。

國旗上有代表烏克蘭小麥田和廣闊天空的顏色。

藍色代表烏克蘭的天空。

黃色象徵國家的小麥田。

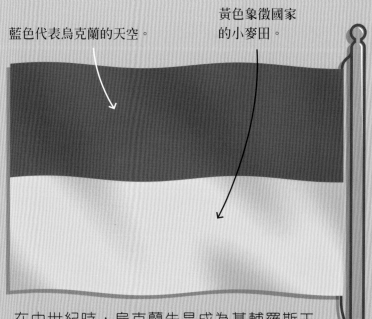

在中世紀時，烏克蘭先是成為基輔羅斯王國，但是花了好幾百年的時間，國旗才正式被採用。1848年，政府採用了一面黃條紋在藍條紋之上的國旗，這些顏色來自舊有的盾牌徽章，但是也具有新的象徵意義。在蘇聯控制時期，藍黃旗被禁止使用。在1949～1991年間，烏克蘭使用了蘇聯的國旗，但在底下加一條藍色條紋。

俄羅斯聯邦

採用日期：1991年

比例：2：3

用途：國家和民用

設計說明：白色、藍色和紅色三種橫條紋。

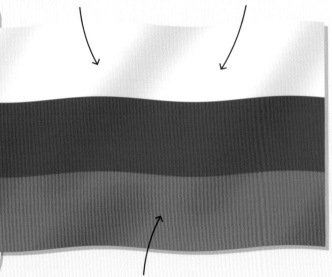

荷蘭國旗上的白色、藍色和紅色是這面國旗設計的靈感來源。

這些顏色也代表俄羅斯的首都莫斯科。

其他國家使用的泛斯拉夫主義代表色受到了俄羅斯國旗白色、藍色和紅色的啟發（見第99頁）。

羅斯中古王國成立於西元9世紀，但是一直到了17世紀時，當時的彼得大帝（Tsar Peter the Great）才選用這面旗幟，並第一次在商船上懸掛。俄國革命後，蘇聯帶有鐵鎚、鎌刀與星星圖案的紅色橫幅取代了這面旗子。在1991年蘇聯解體後，舊旗子重新被採用。另外，俄羅斯是世界上橫跨歐亞面積最大的國家。

為了學習造船技術，俄羅斯的統治者彼得大帝在西元1690年期間拜訪荷蘭，並啟發了國旗的設計靈感。

俄羅斯共和國

一般來說，俄羅斯自治共和國允許有自己的官方語言。每個共和國都有自己的國旗。

▼ 阿迪格共和國

代表農業的綠色為底，上面有象徵12個主要部落的金星、象徵和平的三支箭。

▼ 阿爾泰共和國

有象徵和平的寬白色條紋。一條白色的窄條紋隔開了兩條不同粗細的藍色條紋，分別代表天空、山脈和河流。

▼ 巴什科爾托斯坦共和國

有三條藍色、白色和綠色的橫條紋和一朵庫雷花的圖案。

▼ 布里亞特共和國

有藍、白、黃色的橫條紋，以及代表月亮、星星和壁爐的索永布圖案。

▼ 車臣共和國

有代表伊斯蘭教的綠色、代表希望的白色和車臣鮮血的紅色。旗軸處由上到下則是傳統的白色和金色花紋。

▼ 楚瓦什共和國

代表希望和富有的金色為底，上面有一株從紅色橫條紋長出來的紅色生命之樹。三個太陽是該地區的傳統符號。

▼ 達吉斯坦共和國

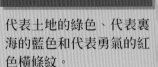

代表土地的綠色、代表裏海的藍色和代表勇氣的紅色橫條紋。

▼ 印古什共和國

代表純潔的白色橫條紋居中，上下則有代表土地和伊斯蘭教的狹長綠條紋，中間還有一個紅色太陽的圖案。

▼ 卡巴爾達－巴爾卡爾共和國

國旗上有藍色（代表天空）、白色（代表白雪皚皚的山脈）和綠色（代表土地）的橫條紋。中間則有一個代表山脈的圖案。

▼ 卡爾梅克共和國

代表太陽的黃色為底，上面有一個象徵永恆的蓮花圖案。

▼ 卡拉恰伊－切爾克斯共和國

有藍色（代表和平）、綠色（代表自然）和紅色（代表團結）的三種橫條紋。中間是一個山脈圖案。

▼ 卡累利阿共和國

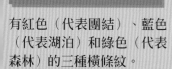

有紅色（代表團結）、藍色（代表湖泊）和綠色（代表森林）的三種橫條紋。

▼ 哈卡斯共和國

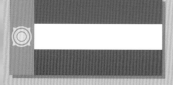

有來自俄羅斯國旗的藍、白、紅三色橫條紋。旗軸處則有一條綠色豎條，上面有著傳統太陽圖案。

▼ 科米共和國

有藍色（代表北方）、綠色（代表森林）和白色（代表白雪和純潔）的三種橫條紋。

▼ 馬里埃爾共和國

中間是一隻傳統的熊平和地握著一把向下的劍，旗軸處還有一條紅色的裝飾豎紋。

▼ 摩爾多瓦共和國

有來自俄羅斯國旗的紅、白、藍色三色橫條紋，中間是一個太陽的圖案。

▼ 北奧塞梯－阿蘭共和國

有白色（代表純潔）、紅色（代表自由和勇氣）和黃色（代表肥沃的農作物）的三種橫條紋。

▼ 薩哈共和國

有一個帶有太陽圖案的寬大藍色橫條紋（代表天空），還有白色（代表白雪）、紅色（代表勇氣）和綠色（代表森林）的狹長條紋。

▼ 韃靼斯坦共和國

一條狹長的白條紋（代表和平）隔開了綠色（代表伊斯蘭教）和紅色（代表俄羅斯基督教）的橫條紋。

▼ 圖瓦共和國

位在左邊的黃色三角圖案（代表富裕）帶著細長的白色條紋（代表純潔）。這些白色條紋則隔開了藍色的區塊（代表力量和勇氣）。

▼ 烏德穆爾特共和國

有黑色（代表地球）、白色（代表宇宙）和紅色（代表生命）的三種直條紋。中間是一個八角紅太陽圖案。

喬治亞

採用日期：2004年

比例：2：3

用途：國家和民用

設計說明：白色背景上有一個紅色十字架。四個聖喬治十字則分布在四等分的區塊中。

紅色十字架代表喬治亞的守護神聖喬治。

比較小的紅十字架也代表聖喬治。

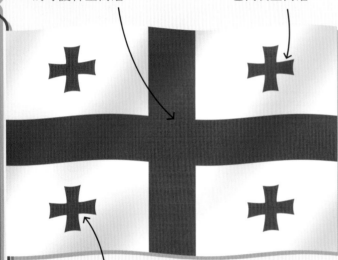

國旗上比較小的十字架是「bolnur-katskhuri」十字架，也稱為喬治亞十字。

喬治亞的國旗是世界上最新的國旗之一，但是這面國旗的靈感卻來自過去。國家的歷史可以追溯至西元300年間，當時的軍隊橫幅用紅色和白色。100多年前，第一次有人掛起有五個紅色十字圖形的國旗。據說這樣的設計和耶路撒冷的十字架有關。在蘇聯統治期間，傳統的國旗被抑制，到了2004年政府又正式重新採用了現代的國旗。

皇后塔瑪拉（Tamara）是有名的喬治亞統治者。13世紀時，她使用了帶有紅色十字的白旗。

亞塞拜然

採用日期：1991年

比例：1：2

用途：國家和民用

設計說明：有藍、紅、綠色三種橫條紋，中間則是一個白色星星和新月。

藍色象徵這個地區說土耳其語的民族。

新月是伊斯蘭教的象徵。

紅色代表歐洲。

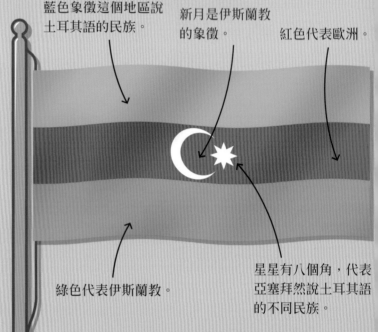

綠色代表伊斯蘭教。

星星有八個角，代表亞塞拜然說土耳其語的不同民族。

亞塞拜然是斯基台人和米底人領導的古文明的家鄉，但是國旗的歷史並沒有這麼悠久。現代的國旗曾經是反抗的象徵，並在俄國革命、這個國家短暫宣布獨立後，出現過一陣子。在蘇聯統治期間，這面國旗是被禁止的，但是在1991年脫離蘇聯後又重新被採用。土耳其是這個國家的老盟友，國旗上的象徵符號也呼應了土耳其的國旗（見第124頁）。

亞塞拜然的國旗代表這個地區的不同民族。此圖可以看到民俗節慶裡穿著國家傳統服飾的人民。

高加索山脈延伸在歐洲東南部和亞洲之間，並位在兩個大陸的交界點上。這座山脈通過喬治亞和亞美尼亞，這兩國的國旗代表歐洲基督教和亞洲及中東的伊斯蘭教的不同影響。

亞美尼亞

採用日期：1990年

比例：1：2

用途：國家和民用

設計說明：有紅色、藍色和橘色三種橫條紋。

紅色象徵獲取獨立的奮鬥以及維持基督教的信仰。

藍色代表亞美尼亞人生活在和平天空下的意志。

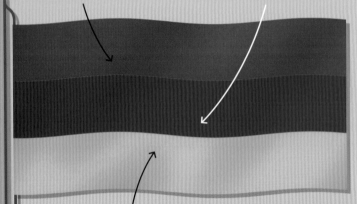

橘色代表創意的天分和亞美尼亞人辛勤工作的天性。

亞美尼亞信仰基督教可以追溯至西元301年。據說和聖經的傳說有關，洪水過後，當諾亞方舟停泊在現在位於土耳其境內的亞拉拉特山上時，亞美尼亞人就豎起了一面條紋旗。因此19世紀時，一位亞美尼亞的士兵建議將條紋旗變成國旗，但是他的建議經過100多年以後才正式獲得採納。

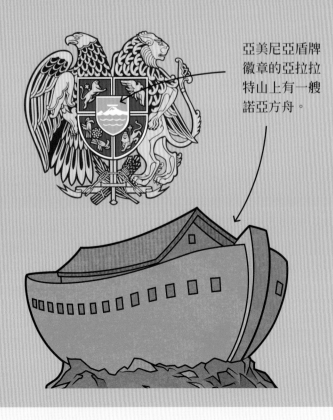

亞美尼亞盾牌徽章的亞拉拉特山上有一艘諾亞方舟。

土耳其

採用日期：1936年

比例：2：3

用途：國家和民用

設計說明：以紅色為背景，中間稍偏左有一個白色的新月、一顆五角星星。

新月和星星的圖案代表伊斯蘭教。

來自中亞的早期土耳其侵略者使用紅旗。

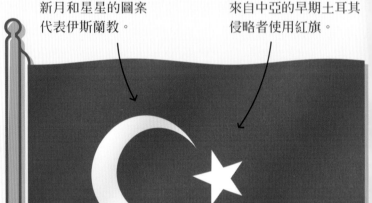

土耳其國旗的圖案代表主要信仰伊斯蘭教，但是這些圖案還和其他意思有關。月亮也許和土耳其最大、最有名且具有古希臘起源的城市有關——伊斯坦堡曾經叫做拜占庭，並且為了紀念月亮女神黛安娜（Diana）所建。還有一個傳說是，鄂圖曼帝國和十字軍軍隊在1448年的科索沃浴血戰役中，有人在一灘血中看到了星星和月亮的倒影。

位在伊斯坦堡的歷史性藍色清真寺。

長的博斯普魯斯海峽分隔了歐亞兩個大陸。
在兩個大陸邊界的國家常常目睹許多侵略和紛爭，
因此在歷史上改了很多次國旗的設計。

賽普勒斯

白色代表和平。

島嶼的名字意思是「銅礦之島」，
所以國旗上的島嶼圖是銅色的。

採用日期：1960年
比例：3：5
用途：國家和民用
設計說明：白底上有一個島嶼的
銅色剪影，下面是兩株橄欖枝。

橄欖枝象徵島上土耳其人和希臘人間的和平。

1960年，賽普勒斯脫離英國獨立，但是希臘和土耳
其兩國的紛爭導致這個島嶼分裂。島嶼北部的土耳其
人宣稱自己是和土耳其結盟的獨立邦國，但是在國際法上並
不被承認。賽普勒斯國旗是全世界唯二用國家地圖當圖案的國家
（另一個是科索沃，見第97頁）。

除了和平的象徵，橄欖和橄欖油
也是賽普勒斯主要的農產品。

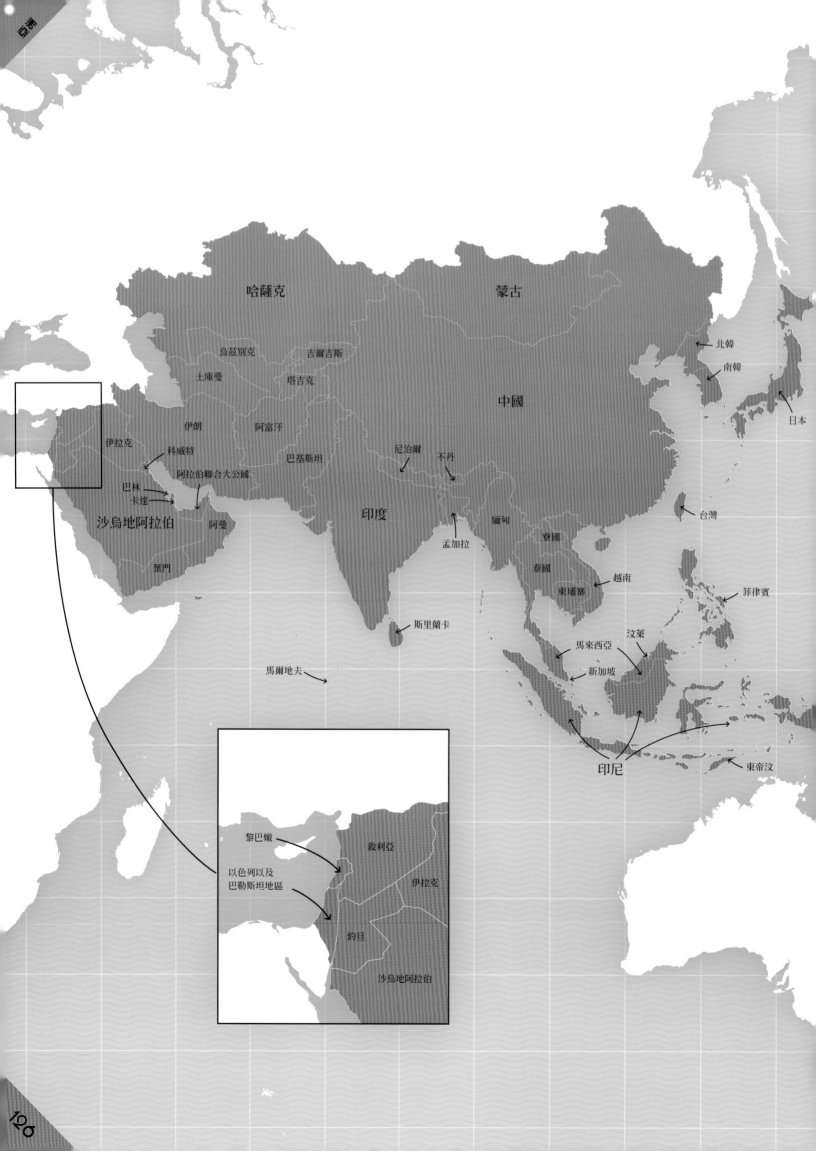

哈薩克

蒙古

烏茲別克　　　吉爾吉斯

土庫曼　　　塔吉克

中國

←北韓

←南韓

←日本

伊朗　　　阿富汗

伊拉克

科威特

尼泊爾

不丹

←台灣

阿拉伯聯合大公國

巴林→

卡達→

巴基斯坦

沙烏地阿拉伯

阿曼

印度

緬甸

孟加拉

寮國

泰國

越南

柬埔寨

←菲律賓

葉門

斯里蘭卡→

汶萊

馬爾地夫→

馬來西亞

←新加坡

印尼

←東帝汶

黎巴嫩→

敘利亞

以色列以及
巴勒斯坦地區→

伊拉克

約旦

沙烏地阿拉伯

敘利亞

採用日期： 1958年；1980年重新採用

比例： 2：3

用途： 國家和民用

設計說明： 有紅色、白色和黑色三種橫條紋。中間的白色條紋之上有兩顆綠色的五角星星。

敘利亞有著古老的歷史，大馬士革和阿勒波是世界上兩個最古老的城市。1940年代，敘利亞脫離法國獨立並和埃及在1958～1961年間，組成了阿拉伯聯合大公國。阿拉伯聯合大公國的國旗曾經和今天敘利亞使用的國旗一模一樣。紅、白、黑色是阿拉伯的顏色，而綠色的星星代表埃及和敘利亞兩國。之後這個國旗設計改了很多次，並在1980年重新被採用。埃及的國旗和敘利亞的國旗很類似，但是埃及國旗的白色條紋上有個薩拉丁（Saladin）老鷹的標誌（見第80頁）。

白色、紅色和黑色是泛阿拉伯主義的顏色，代表阿拉伯的獨立（見第67頁）。

綠色的星星代表敘利亞和埃及。

此圖可以看到敘利亞的旗子在中世紀古城騎士堡的門口飄揚。

紅色象徵為了爭取獨立而犧牲的人民。這個顏色也用在黎巴嫩軍隊制服，也是當地一些部落的傳統顏色。

白色代表和平，也代表黎巴嫩被白雪覆蓋的山脈。

雪松樹代表堅定不移和繁榮。

聖經中提到雪松樹是堅定不移的例子。

黎巴嫩

採用日期： 1943年

比例： 2：3

用途： 國家

設計說明： 白色的橫條紋隔開了兩條紅色的橫條紋，中間有一棵綠色雪松樹的圖案。

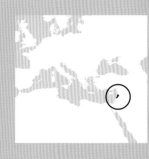

黎巴嫩曾經是腓尼基帝國的所在地，並以造船而聞名。國旗上的雪松樹一直是這個地區的標誌，幾千年以來，腓尼基人將木材運送至埃及和美索不達米亞作為建材。有時候國旗上的樹木會將咖啡色的樹幹呈現出來，但是這是不正確的。黎巴嫩的旗子也表現出與其他阿拉伯國家的友誼。

以色列

採用日期：1948年

比例：8：11

用途：國家

設計說明：白色的背景上有兩條狹長的藍色橫條紋，中間有一個大衛六角星的圖案。

以色列和巴勒斯坦地區。

藍色和白色是猶太祈禱者披肩的傳統顏色。

大衛六角星星是猶太教的傳統圖案。

以色列在1948年建國。國旗上藍色條紋的靈感來自宗教慶典上所穿戴的塔利特（tallit，一種披肩）顏色。國旗中間的星星稱為馬根．大衛（Magen David），幾百年來已成為猶太教的符號，又稱為大衛之星、大衛之盾或是所羅門之印。摩洛哥國旗（見第83頁）上有所羅門星的五角印，但是這個圖案和猶太教並沒有任何關聯。

海軍艦旗。

以色列還有民間所用的艦旗、軍事使用的海軍艦旗。和國旗的顏色相比，為了能在海上便於辨識，顏色則呈現深藍色。

民用艦旗。

巴勒斯坦地區

採用日期：1988年

比例：1：2

用途：國家

設計說明：左邊是一個紅色三角形圖案，右邊則有黑、白、綠三色的橫條紋。

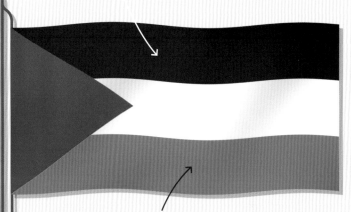

以色列和巴勒斯坦地區。

國旗的顏色是泛阿拉伯主義的顏色（見第67頁）。

巴勒斯坦地區的國旗是受到約旦國旗的啟發（見第130頁）。約旦和巴勒斯坦地區有歷史上的關聯。

巴勒斯坦地區位在中東。這個地區是邊界與地中海接壤的迦薩走廊地區，以及位在約旦和以色列之間的約旦河西岸地區所組成的。巴勒斯坦地區是許多古老聖經遺址的所在地，包括伯利恆和耶利哥。

另一個版本的國旗，在左上角有一隻老鷹和交叉劍的圖案。老鷹象徵在12世紀曾統治過這個地區的薩拉丁。

約旦

採用日期：1928年

比例：1：2

用途：國家和民用

設計說明：左邊有一個紅色三角形圖案，其上是一個白色的七角星星。右邊有黑、白、綠色的橫條紋。

七角星星代表伊斯蘭聖書《可蘭經》開宗明義的七行詩句。

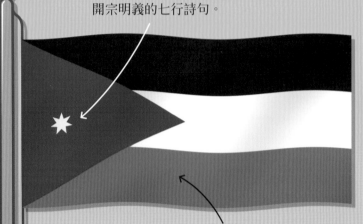

國旗的顏色是泛阿拉伯主義的顏色（見第67頁），代表阿拉伯的獨立和團結。

約旦這個現代國家是在1946年建立的，但是國旗的設計年代更久遠，並且象徵了1916年阿拉伯起義。國旗的顏色代表的不但是泛阿拉伯主義，也代表了歷史上四個重要的統治家族。

紅色＝哈希米王朝（Hashemite）

黑色＝阿拔斯王朝（Abbasid）

白色＝烏瑪耶王朝（Umayyad）

綠色＝法蒂瑪王朝（Fatimid）

世界著名的佩特拉古遺跡就位於約旦，這些遺跡可以追溯至西元2000年以前。

沙烏地阿拉伯

採用日期：1973年

比例：2：3

用途：國家和民用

設計說明：綠色的背景上有一行阿拉伯句子和一把劍。

綠色是伊斯蘭瓦哈比教派（Wahabi）用在旗子上的傳統顏色。

阿拉伯句子是穆斯林信仰的教條清真言（Shahada）。

綠色據說是先知穆罕默德最喜歡的顏色。

沙烏地阿拉伯創立者伊本·沙特（Ibn Saud）的劍永遠指向左方。

沙烏地阿拉伯是一個伊斯蘭國家，其宗教信仰影響了國旗設計。全世界只有三個地方的國旗的背面是不同設計，而這個國家是其中之一。因為希望從正反來看，國旗上的文字、劍都是呈現由右到左，所以將兩面國旗縫合成一面旗來使用。這面國旗也是唯一用文字作為主設計的旗幟。

朝聖者圍繞在麥加禁寺裡的卡巴天房周圍。

葉門

採用日期：1990年

比例：2：3

用途：國家和民用

設計說明：有紅、白、黑色三種橫條紋。

蘇爾坦皇宮曾經是要塞，現在這座雄偉的建築變成賽安博物館。

泛阿拉伯主義的顏色（見第67頁）。

國旗的顏色也來自於北葉門和南葉門之前的旗子。

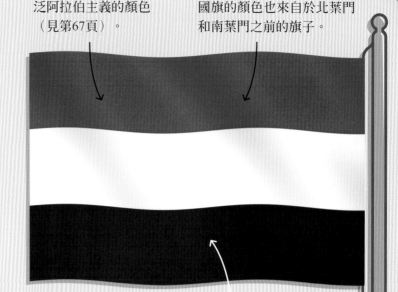

黑色代表黑暗的過去。
紅色代表國家的掙扎，而白色代表希望。

當北葉門和南葉門在1990年結合時，葉門變成一個獨立國家。在這之前，兩邊的旗子都以紅、白、黑色的條紋做為背景，但是國旗上也有其他的元素。在兩國統一後，國旗相同之處被保留下來。埃及的國旗（見第80頁）、敘利亞國旗（見第128頁）和伊拉克國旗（見第134頁）也有一模一樣的顏色條紋。

阿薩德王朝的徽章上有傳統的阿曼武器，包括交叉的劍和一把彎曲的匕首。

白色代表國家的宗教領袖伊瑪目(imam)以及和平與繁榮。

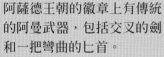
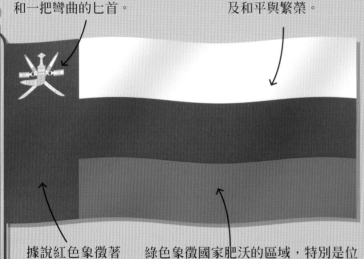

據說紅色象徵著對抗侵略武力的戰役。

綠色象徵國家肥沃的區域，特別是位在阿曼東北方，有「綠色山脈」之稱的傑柏阿卡達山（Jebel Akhda）。

阿曼

採用日期：1970年

比例：1：2

用途：國家和民用

設計說明：左邊有紅色的直條紋和一個位在左上角，象徵統治者的白色圖騰。右邊則是白、紅、綠色三種橫條紋。

這是一把阿曼傳統的儀式彎刀以及裝飾用的護套和皮帶。

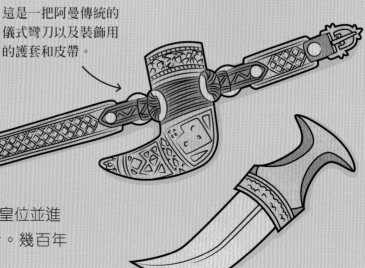

阿曼是由世襲的穆斯林統治者「蘇丹」（Sultan）所統治，其國旗上有此朝代的圖騰。當1970年卡布斯蘇丹（Sultan Qaboos）將他的父親趕下皇位並進行國家現代化改革時，他便採用了現在的國旗設計。幾百年來，紅色一直和這個地區以及蘇丹統治者有所關聯。

阿拉伯聯合大公國

採用日期：1971年
比例：1：2
用途：國家和民用
設計說明：左邊有一條紅色的直條紋。右邊則有綠、白、黑色三種橫條紋。

紅色是酋長國傳統旗子的顏色。

泛阿拉伯主義的顏色（見第67頁）。

綠色代表肥沃。

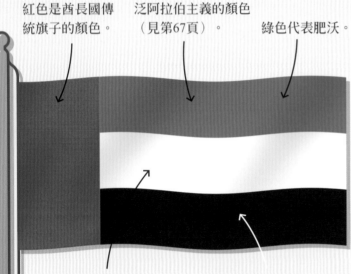

白色代表和平。

黑色代表國家的石油儲存。

1971年當七個酋長國結合在一起時，便創立了阿拉伯聯合大公國，國旗呼應了這七個不同地區，也各自有它們的意義。國旗是由阿布拉·穆罕默德·阿曼那（Abdullah Mohammad Al Maainah）所設計的。那時，這名年輕人和1,000多名的參賽者一起參加國旗設計的比賽，直到他看到新國旗被掛在阿布達比穆什里夫皇宮上時，才知道自己贏得了比賽。

國旗上的黑色代表為國家帶來財富的石油。

卡達

採用日期：1971年
比例：11：28
用途：國家和民用
設計說明：九個鋸齒線分隔了右邊的紅褐色區塊和左邊的狹窄白色區塊。

紅色是這個地區傳統橫幅的顏色。

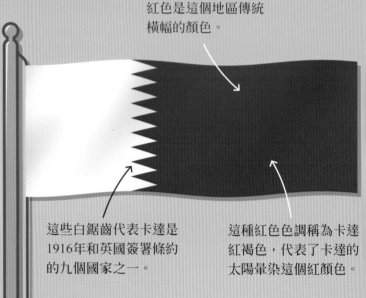

這些白鋸齒代表卡達是1916年和英國簽署條約的九個國家之一。

這種紅色色調稱為卡達紅褐色，代表了卡達的太陽暈染這個紅顏色。

1971年當卡達脫離英國獨立，這面國旗才被採用，但是設計靈感來自更早的事件。國旗上的九個鋸齒和1916年英國的一份條約有關；白色則和1820年簽署的條約有關，當時為了和當地海盜做區別，英國要求該區域在國旗上增加白色。卡達的國旗和鄰國巴林（見下一頁）的國旗很類似，但是紅色的色調不一樣，而且卡達的紅色區塊較寬大。

國旗上的卡達紅褐色也是服飾的傳統顏色。

巴林

採用日期： 2002年

比例： 3：5

用途： 國家

設計說明： 五個鋸齒線分隔了面積較小的白色區塊和面積較大的紅色區塊。

五個端點代表伊斯蘭教的五根柱子。

紅色是這個地區傳統橫幅的顏色。

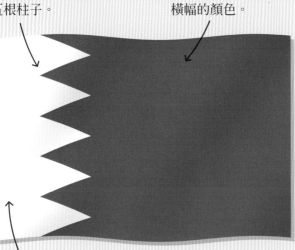

為了區別當地的海盜旗，國旗加上了白色。

自從1820年，巴林就有紅白相間的旗子。國旗上的鋸齒線條曾經是直線，但為了代表國家伊斯蘭的信仰，1930年代改成鋸齒線條。之後國旗再次更動設計，以避免和卡達的國旗混淆（見上一頁），最後減少了鋸齒圖案上的端點數目。1971年巴林脫離英國獨立，便在2002年採用了上面的旗子。

巴林是一個富裕的島嶼國家。

科威特

採用日期： 1961年

比例： 1：2

用途： 國家和民用

設計說明： 最左邊是一個黑色的梯型圖案，右邊則有綠、白、紅色三種橫條紋。

綠色代表豐富的景觀，白色代表純潔，紅色則象徵敵人的鮮血。

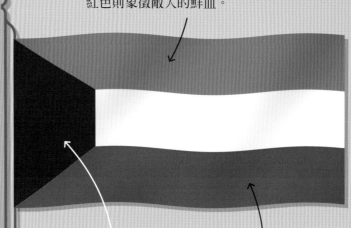

黑色代表打敗敵人。

使用了代表泛阿拉伯主義的顏色（見第67頁）。

現代的科威特在18世紀創立，但到了1961年才脫離英國獨立，當時採用了上頭這面國旗。在此之前，科威特的國旗是紅色的，中間有個白色阿拉伯字母寫的國名，國名的右邊則拼出了穆斯林信仰清真言（Shahada）。

油輪將科威特的石油出口到全世界。這艘油輪漆著國旗的顏色。

伊拉克

採用日期：2008年
比例：2：3
用途：國家和民用
設計說明：有紅、白、黑色三種橫條紋。白色條紋中間則有綠色阿拉伯字體寫的「真主至大」。

白色代表慷慨。

紅色象徵勇氣，同時也是該地區的傳統顏色。

國旗的顏色代表泛阿拉伯主義的顏色（見第67頁）。

黑色代表戰役。

伊拉克國旗上使用的紅、白、黑三種橫條紋已超過50年，但是白色條紋上的綠色裝飾卻更改了好幾次。國旗上的短語為「真主至大（Takbir）」，這代表了伊斯蘭教，用阿拉伯文來念是「Allahu akbar」。穆斯林在開始祈禱前會唸出這句話，一天中要做五次禱告。

國旗並不是伊拉克唯一引用名言的地方。該國以在努茲市出土的古老石版而聞名，上面有著早期的文字。

伊朗

採用日期：1980年
比例：4：7
用途：國家和民用
設計說明：《可蘭經》上的句子隔開綠、白、紅三色橫條紋，中間有代表伊斯蘭信仰的圖案。

這段代表「真主至大（Allahu akbar）」的文字出現了22次。

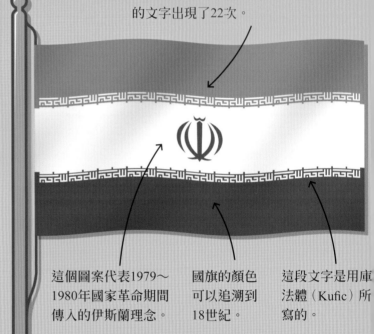

這個圖案代表1979～1980年國家革命期間傳入的伊斯蘭理念。

國旗的顏色可以追溯到18世紀。

這段文字是用庫法體（Kufic）所寫的。

伊朗國旗上的綠、白、紅三色已經使用了幾百年。過去國旗上受歡迎的圖案包括國家的獅子和太陽，但是在1979年，伊朗推翻了君主體制，新國旗改用反映國家伊斯蘭信仰的圖形。因為被放逐的領袖阿亞圖拉·何梅尼（Ayatollah Khomeini）在伊朗日曆上的11月22日返回伊朗，所以國旗上下寫有「真主至大」的文字各重複了11次。

伊朗圖案中間的這把劍代表力量。

四個新月代表真主阿拉。

圖案的五個部分代表伊斯蘭教的五根支柱。

土庫曼

採用日期：1992年

比例：2：3

用途：國家和民用

設計說明：綠色的背景，左手邊有一條裝飾性豎紋。左上角有五個白色星星和一個新月。

這個條紋代表五種用在傳統土庫曼地毯上的設計。

五個星星是國家省分的象徵。

1997年加上的橄欖枝代表國家的中立。

新月是伊斯蘭教的圖騰，也代表對未來的明亮希望。

綠色是這個國家的幸運顏色，也代表伊斯蘭教。

1991年土庫曼脫離蘇聯獨立，並採用了和上面很類似的旗子。2001年，國旗的形狀稍有不同，綠色的背景也被調亮。製作地毯是該國傳統游牧生活的一部分，而旗子上紅色豎條的五個地毯圖案象徵著不同的部落。

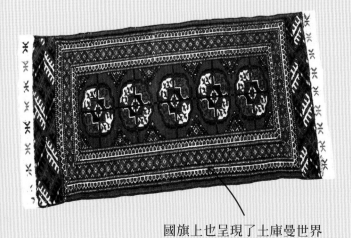

國旗上也呈現了土庫曼世界聞名的地毯工業。

烏茲別克

採用日期：1991年

比例：1：2

用途：國家和民用

設計說明：紅色細條紋分隔了藍、白、綠色三條橫條紋。左上角有白色新月和十二個白色星星。

月亮代表新共和以及伊斯蘭教的圖案。

星星代表每一年的月份。

藍色象徵水及天空。

白色代表和平。

綠色象徵自然及景觀。

紅色代表生命。

烏茲別克曾經是前蘇聯的一部分，自從1991年便成為獨立的國家，國旗上的新月代表新共和的誕生。新設計也反映了國家的過去，在其他的圖案顏色中，藍色象徵14世紀的統治者阿米·帖木兒（Amir Timur）。傳說他在巴格達砍了9萬個敵人的頭，並用他們的頭蓋骨蓋了許多塔樓。

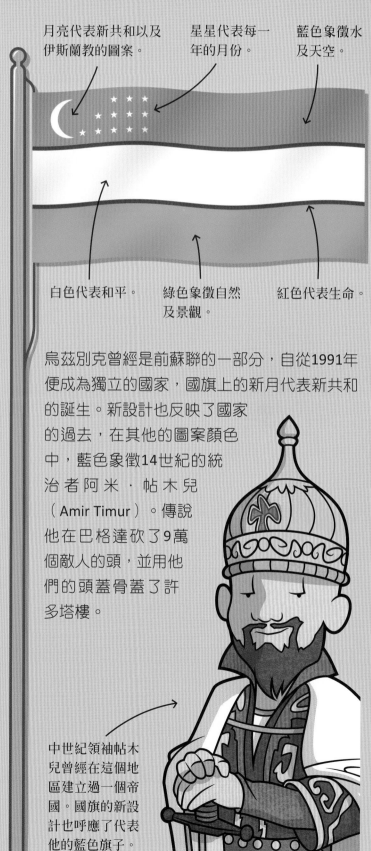

中世紀領袖帖木兒曾經在這個地區建立過一個帝國。國旗的新設計也呼應了代表他的藍色旗子。

破紀錄的旗子

旗子會以各種方式進入世紀紀錄，新紀錄經常
被締造。也許有一天你也會參與締造紀錄。

掛在最高旗桿上的旗子

目前世界紀錄最高的旗子，
是飄揚在沙烏地阿拉伯吉達
市阿布達拉國王廣場上。國
旗懸掛在高171米的空中。

最高點的旗子

1953年，三面旗子被懸掛在
世界最高山脈聖母峰上。這
些旗子分別是聯合國旗、英
國國旗和尼泊爾國旗。

曾經在空中飄揚過、面積最大的旗子

這面創紀錄的旗子就
在阿拉伯聯合大公國
的沙迦市裡，其面積
約有70×35公尺大。

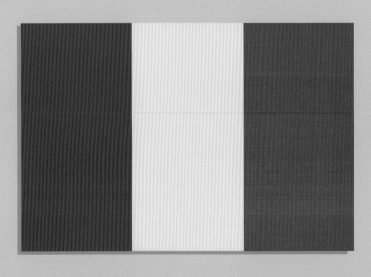

最大的旗子（並沒有在空中飄揚）

2013年，羅馬尼亞克林切尼鄉
呈現了一面面積349×227公尺
大的旗子並登入了世界紀錄。
這面巨幅的旗子比三個足球場
還要大。

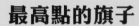

太空中的旗子

美國太空人在阿波羅任務中
將六面美國國旗豎立在月球上。
當阿波羅11號結束任務離開
月球時，火箭所噴發的火焰
吹倒了1969年所豎立的
第一面旗子。

揮舞的旗子

2014年，在巴基斯坦拉合爾市的國家
曲棍球場裡，56,618個人一起揮舞著旗
子並贏得世界記錄。

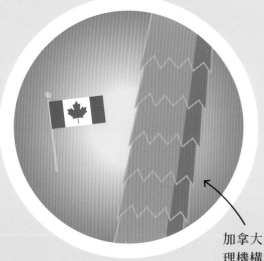

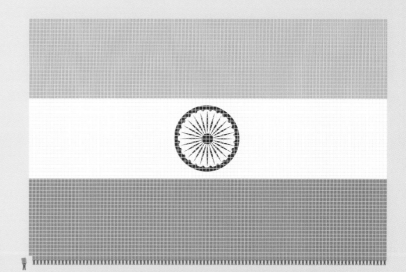

最迷你的旗子

相當於人類頭髮在顯微鏡下的特寫。

加拿大量子訊息處
理機構創造出一面
比人類頭髮寬度還
小的加拿大國旗，
只有透過電子顯微
鏡才看得到。

由人類用色卡所排出的旗子

2014年，43,830名志願者在印度清奈用色卡排出了印度國
旗，並以此贏得了世界紀錄。這種比賽競爭很激烈，所以
就算有人設法爭奪並打破這個世界紀錄也不意外。

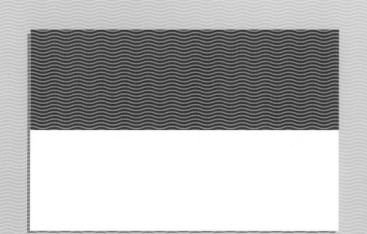

水底最大的旗子

2019年8月，印尼婦女組織在水下展開了
一面巨大的印尼國旗，面積達1,014平方
米，刷新了2017年在澳洲雪梨的水底阿根
廷國旗的紀錄。

藍色代表天空、和平與幸福安康，也是這個地區的傳統顏色。

太陽和老鷹代表人民的希望。

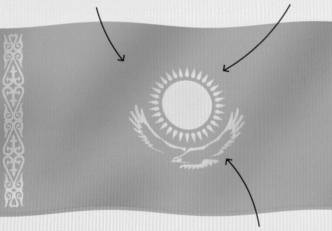

大草原老鷹又稱為金鵰（berkut），是這個地區發現的鳥類。

1991年當哈薩克脫離蘇聯獨立時，便開始使用現在這面旗子。13世紀時，這裡曾經是成吉思汗蒙古帝國的一部分，被稱為「藍色大軍」的當地戰士使用藍色軍旗。左邊金色的花紋是國家裝飾性的圖騰，又被稱為「公羊角（koshkar-muiz）」。像這樣的圖騰只出現在一些國家的國旗上，例如白俄羅斯國旗（見第117頁）和土庫曼國旗（見第135頁）。

哈薩克

採用日期：1992年
比例：1：2
用途：國家和民用
設計說明：藍色的背景，左邊有一個傳統的黃色裝飾條紋。中間是一個帶有32道光芒的黃色太陽和大草原老鷹的圖騰。

藍色代表在哈薩克人頭頂的廣大天空。成吉思汗戰士的旗子也是這種藍色。

吉爾吉斯

採用日期：1992年
比例：3：5
用途：國家和民用
設計說明：紅色的背景，中間有一個黃色太陽的圖案。在太陽圖案的中間有一個傳統圓頂帳篷屋的圖形。

傳統的圓頂帳篷屋很容易搭建和拆卸。

國旗呈現了圓頂帳篷屋頂的內部。這個圖案代表壁爐、家庭和生活。

有40道光芒的太陽代表40個部落。傳奇英雄馬那斯（Manas）將這40個部落結合在一起，創立了這個國家。

當吉爾吉斯脫離蘇聯獨立，新的國旗反映了國家的傳統和歷史。國旗上的光芒是受到吉爾吉斯傳奇創建者馬那斯的啟發。這位戰爭英雄統一了國家的所有部落，據說，他曾經帶著紅色的旗子。圓頂帳篷的圖形則代表了當地遊牧民族的傳統居住方式。

塔吉克

採用日期：1992年

比例：1：2

用途：國家和民用

設計說明：有紅、白、綠色三種橫條紋，中間則有一頂金色皇冠和七顆星星。

星星代表這個國家不同社會階層之間的團結。

紅色是獨立的象徵。

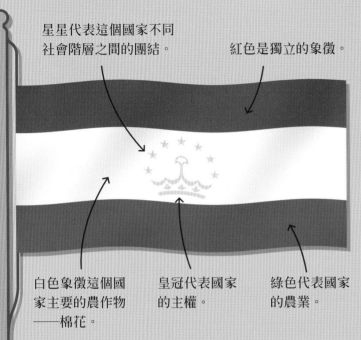

白色象徵這個國家主要的農作物——棉花。

皇冠代表國家的主權。

綠色代表國家的農業。

塔吉克是一個多山的內陸國家。幾世紀以來，許多帝國統治過這裡，包括蒙古。1991年這個現代國家脫離蘇聯獨立，從此便採用了上方這面國旗。國旗上的紅、白、金色是國家獨立前就使用的顏色，只是現在有不同的意義。

由當地人手工採集的棉花是塔吉克主要的農作物。國旗上也可以看到代表顏色。

阿富汗

採用日期：2002年

比例：2：3

用途：國家

設計說明：有黑、紅、綠色三種的直條紋，中間有白色阿富汗軍隊的圖案。

歷史上，當地的國旗一直使用黑色。這個顏色也代表阿富汗的過去。

紅色代表爭取獨立所流的鮮血。

綠色代表伊斯蘭教。

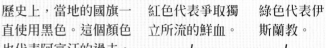

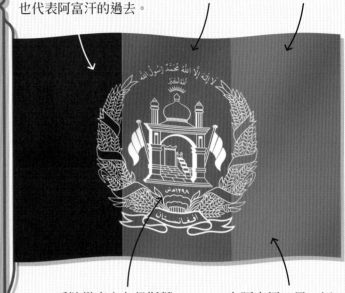

盾牌徽章上有伊斯蘭清真寺的圖案和神聖的伊斯蘭句子。

在阿富汗，黑、紅、綠色是傳統的顏色。

和其他國旗相比，在20世紀間，阿富汗的國旗更改了很多次。現在的國旗象徵了伊斯蘭的宗教信仰。國旗上清真寺的圖案有一個位在牆裡、面向麥加的壁龕和講道壇，而在這個圖案底下有代表伊斯蘭陽曆1298年的數字（相當於西元1919年），剛好也是阿富汗脫離英國獨立的時候。

位在首都喀布爾的藍色清真寺。阿富汗國旗上有代表伊斯蘭信仰的圖案和顏色。

新月代表進步。

星星象徵知識和光明。

深綠色代表伊斯蘭教。

巴基斯坦

採用日期：1947年
比例：2：3
用途：國家
設計說明：深綠色的背景上面有一個白色的新月和五角星星，左邊則是白色豎條。

白色豎條代表巴基斯坦非穆斯林族群。

星星和新月也是伊斯蘭教的傳統圖案。

巴基斯坦現代國家是在1947年創立的。在英屬印度脫離殖民統治獲得獨立前，全印穆斯林聯盟一直不斷鼓吹分治穆斯林國家的主張。他們使用的國旗是一面綠底帶有白色新月和星星的旗子，在獨立和分治獲得實現後，國旗左邊又加上了白色豎條。

這面旗子是用在民用的交通工具上。在民用艦旗上，紅色背景的一個角落有巴基斯坦的國旗圖案。

巴基斯坦的總統旗上有一個金色的新月和星星圖形、橄欖樹枝，以及用烏都語寫的「巴基斯坦」字樣。

在慶祝70週年獨立的日子上，巴基斯坦的女學生揮舞著國旗。

度的學生在歡慶獨立
週年,盡現舞姿。

橘色代表犧牲
和勇氣。

藍色的紡輪又稱為阿育王輪穴。這個紡輪有
24條輪輻,代表一天中的每一個小時以及品
格中的24個美德,像是愛、服務和勤勞。

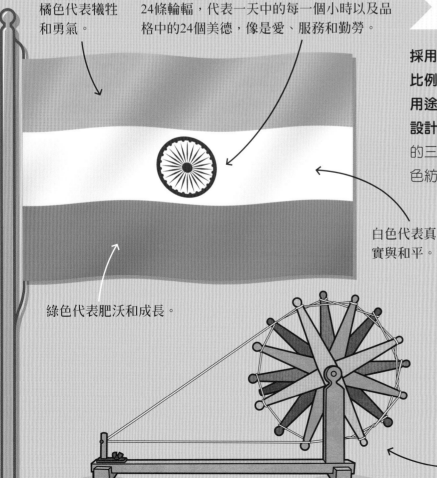

白色代表真
實與和平。

綠色代表肥沃和成長。

傳統的紡輪曾製造過
印度的國旗。

印度

採用日期:1947年
比例:2:3
用途:國家
設計說明:有橘色、白色和綠色
的三種橫條紋,中間則是一個藍
色紡輪。

1947年莫罕達斯·甘地(Mohandas Ghandi)
帶領印度脫離英國獨立,並幫忙設計了這面
國旗,其紡輪的圖案代表著宇宙中永恆不變
的佛教象徵。印度的國旗都是由一種稱為
「Khadi」的特殊手紡棉布所製成。甘地曾經
以手紡棉布做為印度和平抵抗英國統治的象
徵,並拒絕英國機械製造的棉布。紡輪的形
狀呼應了傳統瑜伽和南亞醫學中,劃分人體
為七個能量中心之一的輪穴象徵。

馬爾地夫

採用日期：1965年

比例：2：3

用途：國家和民用

設計說明：紅色背景上有一個綠色的四方形區塊，中間是一個新月圖案。

新月代表伊斯蘭教。

綠色是伊斯蘭教的傳統顏色。

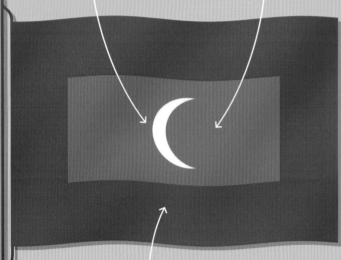

紅色是當地遠洋貿易者使用的旗子的歷史顏色，也代表國家的英雄。

馬爾地夫是一個由超過1,000座珊瑚島所組成的國家。這是全世界最低的國家，最高點只有海平面上2.4公尺高。1965年，馬爾地夫脫離英國獨立，而新國旗則是代表伊斯蘭宗教，該宗教是由12世紀的阿拉伯貿易者傳入的。

圖中是一個頂端有著新月形的傳統清真寺宣禮塔。

斯里蘭卡

採用日期：1951年

比例：1：2

用途：國家和民用

設計說明：以黃色為底，左邊有綠、橘兩色豎條。右邊紅色四邊形區塊上則有四片菩提葉和一隻持劍的獅子。

綠色代表島上的穆斯林。

菩提葉是佛教的象徵，代表高興、平靜、友善和體貼。

橘色代表坦米爾人。

獅子代表權威以及島上錫蘭人的歷史象徵。

斯里蘭卡有許多不同文化、語言和宗教的族群。斯里蘭卡國旗上的獅子來自一面歷史悠久的旗子，普遍認為獅子代表著錫蘭人（斯里蘭卡原住民族群之一）。1951年，為了包含其他族群，國旗加上了彩色的條紋。綠色代表穆斯林、橘色代表印度坦米爾人，黃色的邊框代表來自其他背景的人民。1972年，國旗又加上了四片菩提葉，象徵佛陀坐在菩提樹下開悟。

國家傳奇的創始人維傑（Vijay）王子，據說於西元5世紀左右從印度抵達這個島嶼。他身上帶著一個有獅子圖案的旗子。

孟加拉

採用日期：1972年
比例：3：5
用途：國家
設計說明：在深綠色的背景之上有一個紅色圓圈，圓圈稍微偏離中心。

1971年，現代的孟加拉脫離巴基斯坦獨立，之後便經歷了短暫的內戰。內亂期間所使用的旗子和現在的國旗很類似，在中間紅色圓圈之上，加了一個當時東巴基斯坦的金色地圖，於1972年移除。紅色圓圈仍然保留，代表爭取獨立過程所流的鮮血；綠色的背景象徵土地、豐饒和伊斯蘭教。孟加拉位在有許多河流和島嶼的孟加拉灣上，並宣稱自己有世界上最大的紅樹林——蘇達班，這裡也是孟加拉虎的保護區。

綠色代表孟加拉美麗的風景。

紅色圓圈象徵為獨立所做出的奮鬥，也代表新國度冉冉而升的太陽。

孟加拉豐富的野生動物包括令人心生畏懼、但是瀕臨絕種的孟加拉虎。

尼泊爾

採用日期：1962年
比例：11：9
用途：國家和民用
設計說明：兩個邊框為藍，上下相疊的紅色三角旗。下面的三角旗有一個太陽，上面的三角旗則有一個月亮。

世界上最高的十座山脈中就有八座位在尼泊爾，包括最高的聖母峰，國旗的三角形狀象徵了這個國家的山脈地形。尼泊爾的國旗曾經是兩個分開的三角旗，分別屬於不同時期統治過尼泊爾的兩個皇室家族分支。最後兩個三角旗結合，成為獨一無二的國旗，而太陽和月亮的圖案則被賦予了新的意義，像是和平與永生。

紅色是尼泊爾國花杜鵑花的顏色，也代表勇氣。

尼泊爾國旗是唯一沒有將四邊形當作國旗形狀的國家。

月亮代表曾統治過尼泊爾的皇朝。

藍色代表和平。

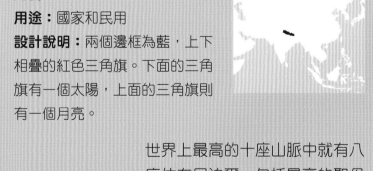

太陽的圖案代表著曾經長年擔任總理的拉納（Rana）家族。

直到1961年，國旗上的圖案還有臉的形狀。為了將國旗現代化，新設計移除了臉的圖案。

黃色代表不丹國王。

雷龍是不丹竹巴寺院的圖騰。

這條龍咆嘯的嘴代表力量。

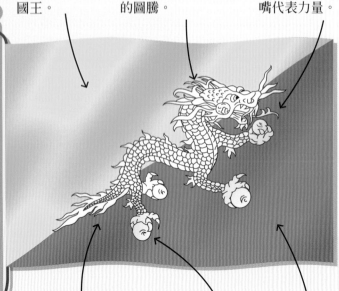

白色代表純潔以及國家不同族群的團結。

龍緊抓著代表富裕的珠寶。

橘色象徵佛教。

不丹

採用日期：大約1970年

比例：2：3

用途：國家和民用

設計說明：由兩個番紅花色（黃橘色）和紅橘色的三角組成，中間有一個龍圖騰。

在不丹塔西岡區，可以在法會中看到一群身穿橘色長袍的佛教僧侶。

根據不丹的傳說，山區中的雷響是雷龍的聲音，而閃電則是牠噴出的火焰，所以國旗上有龍的圖案也不足為奇。在西元8世紀時，佛教傳入，而第一座山區的寺院也以龍來命名。今日，大約75%的不丹人口都是佛教徒。

位在不丹竺域的塔西岡寺院，據說那的雷雨被視為雷龍發出的聲音。

中國

採用日期：1949年
比例：2：3
用途：國家和民用
設計說明：紅色為底，左上角有一個大的黃星星和四個較小的黃星星。

大型的黃星星代表共產主義。

四個小星星曾經象徵中國人的四個社會階層，現在則代表中國混和的族群。

紅色象徵共產主義，也是中國歷史的傳統顏色。

紅色在中國是幸運、快樂和保護的象徵。在中國新年，人們會在紅包裡放錢當作禮物。在新年遊行裡，常常可見國旗到處飛揚。

中國是世界上人口最多的國家（約有14億人）。1949年當共產黨掌控國家，便採用代表革命的紅旗，不但呼應了蘇聯的共產紅旗，也是歷史上中國統治者的顏色。星星的數目很重要，因為五在中國的哲學裡代表五行（金、木、水、火、土）和五種品德（溫、良、恭、儉、讓）。

中國特別行政區

這兩個地區曾經分別在其他國家的統治下（英國曾經統治香港到1997年，而葡萄牙則統治過澳門直到1999年）。和中國其他地方相比，這兩個地區有各自的政府治理系統，也有各自的旗子。中國其他地方只使用主要的國旗。

▼ 香港

紅色為底，上面有五瓣花蕊的香港白色洋紫荊。

▼ 澳門

綠色為底，有一個位在橋和水上的白色蓮花圖案。五顆星星組成的弧形呼應了中國的五星旗。

連結香港和澳門的港珠澳大橋有55公里長，是世界上最長的跨海通道。

蒙古

採用日期：1992年

比例：1：2

用途：政府和民用

設計說明：藍色豎條居中，隔開兩條紅色豎條。左邊紅豎條上有一個稱為索永布的黃色圖案。

藍色代表蒙古廣闊的天空，也是著名蒙古領袖成吉思汗使用過的顏色。

紅色象徵國家的進步。

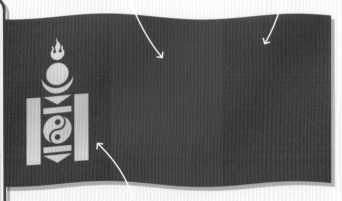

索永布圖案是蒙古的國家象徵。

蒙古帝國是13世紀由成吉思汗所創立的，現今的國旗上有他曾使用過的藍色旗幟。這個國家也有「藍天之國」的稱號，因為這裡的天空總是晴朗無雲。人民傳統上過著游牧生活，在廣闊的天空下放牧。1940年代，蒙古人民共和國採用了此版本的旗子，但在索永布圖案上有一個金色、共產五角星星。在蘇聯垮台後，星星則從國旗上移除。

火焰：過去、現在和未來。

太陽和月亮：天空。

三角圖案：向下的武器（矛或箭）象徵打敗敵人。

兩排石柱：從諺語「兩人團結更勝堅石」而來。

兩個圍欄：社會由上到下所展現的關懷和警覺。

魚的圖形：魚永遠不睡覺、總是保持警覺。這個圖案也呼應了代表生命和諧的陰陽圖形。

北韓

採用日期：1948年

比例：1：2

用途：國家和民用

設計說明：寬大的紅色橫條紋居中，上下有狹長的白、藍色橫條紋。在紅條紋偏左的位置，有個白色的圓盤並帶一顆紅色星星。

白色代表純潔。

藍色條紋代表和平。

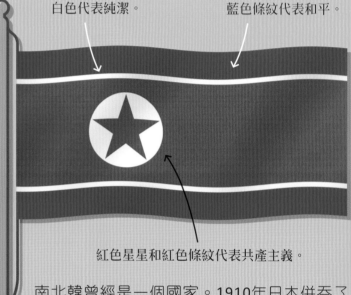

紅色星星和紅色條紋代表共產主義。

南北韓曾經是一個國家。1910年日本併吞了這個國家，之後在二次大戰分裂成兩個國家。1948年，新成立的共產北韓和南韓永久分裂。北韓的國旗代表了這個政治體制。

在平壤的五一體育館，北韓人民手舉色卡組成了北韓國旗的圖樣。

南韓

採用日期：1948年
比例：2：3
用途：國家和民用
設計說明：白旗中間有一個紅、藍色的陰陽佛教圖形。圍繞在圓形陰陽圖案四周，是八卦中的四卦圖案。

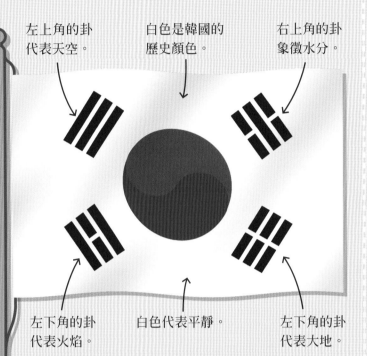

左上角的卦代表天空。

白色是韓國的歷史顏色。

右上角的卦象徵水分。

左下角的卦代表火焰。

白色代表平靜。

左下角的卦代表大地。

1948年和北韓分裂後（見第146頁），成立了南韓。該旗幟又稱為太極旗，於南北韓分裂後不久便開始採用。中間代表宇宙兩元特性，像是光明與黑暗或是男性與女性。八卦圖是出自古代東方智慧之書——「易經」上的傳統圖案。

易經的八個八卦圖

日本

採用日期：1870年
比例：2：3
用途：國家和民用
設計說明：白旗上有一個紅色的圓盤。

圓盤圖形代表太陽，是日本的傳統圖案。

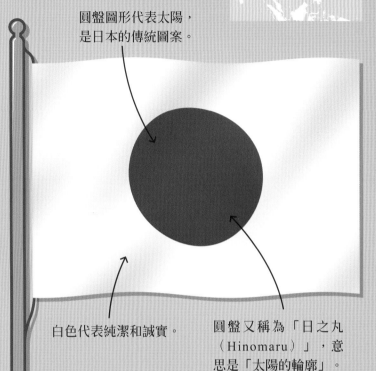

白色代表純潔和誠實。

圓盤又稱為「日之丸（Hinomaru）」，意思是「太陽的輪廓」。

日本位於太平洋，是由6,852座島嶼組成的國家。傳統上又稱為「日出之國」，此稱呼也反映在國旗的設計上。太陽圖案的歷史可以追溯至幾世紀以前，過去被用在軍旗上。傳統上，這面旗子會懸掛在由天然竹子所製成、頂端有一顆金球的旗桿上。

根據傳說，日本第一個皇帝是天照大神的後裔。

日本都道府縣

日本有稱為都道府縣的47個行政區。19世紀創造了這個行政單位並取代封建地區。每個地區都有自己的旗幟，旗子上通常帶有文字和不常出現在其他旗子上的顏色。

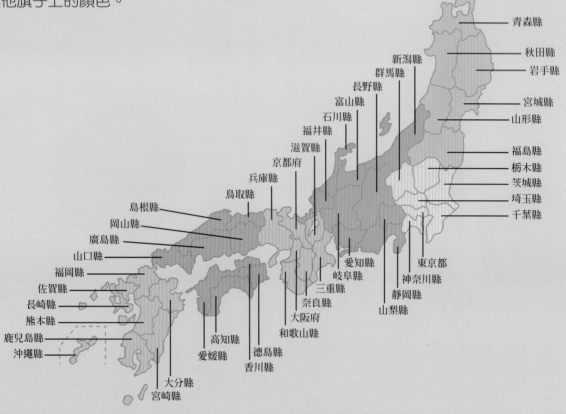

北海道

青森縣
秋田縣
岩手縣
新潟縣
群馬縣
長野縣
宮城縣
富山縣
山形縣
石川縣
福井縣
福島縣
滋賀縣
栃木縣
京都府
茨城縣
兵庫縣
埼玉縣
鳥取縣
千葉縣
島根縣
岡山縣
廣島縣
山口縣
愛知縣
東京都
福岡縣
岐阜縣
神奈川縣
佐賀縣
三重縣
長崎縣
奈良縣
靜岡縣
熊本縣
大阪府
山梨縣
鹿兒島縣
和歌山縣
沖繩縣
高知縣
德島縣
愛媛縣
香川縣
大分縣
宮崎縣

▼ 愛知縣

白色的日文符號代表愛知縣縣名和日出。

▼ 千葉縣

兩個帶有黃色邊框的白色字體符號代表千葉縣的縣名。藍色代表希望，黃色代表該區的花團錦簇。

▼ 福岡縣

白色李花的圖案代表和諧與進步。

▼ 秋田縣

白色的日文符號代表了秋田縣首字羅馬拼音字母中的「A」，還有一個代表進步的圖案。

▼ 愛媛縣

黃色代表幸福、綠色代表和平、白色代表純潔。

白色的日文符號代表了福島縣縣名，橘色代表希望和團結。

▼ 福島縣

▼ 青森縣

白色的背景上有一個綠色的青森縣地圖。

▼ 福井縣

白色的圖案代表和諧與合作。

綠色圈圈中的綠色的字體代表「岐阜縣」的「岐」字。旗子的顏色代表和平、和諧與自然。

▼ 岐阜縣

▼ 群馬縣

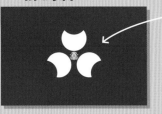

白色非寫實符號代表「群馬縣」的「群」字。三個白色的新月代表該地的山脈。

代表橄欖樹的綠色背景上，白色非寫實符號代表香川縣首字羅馬拼音的「Ka」。

▼ 香川縣

三片葉子代表進步、團結和友誼。

▼ 宮城縣

▼ 廣島縣

白色非寫實符號代表廣島縣首字羅馬拼音的「Hi」，其設計代表了和諧與合作。

▼ 鹿兒島縣

有一個黑色圖騰代表這個地區，紅色則代表日本火山櫻島。

黃色的非寫實符號代表宮崎縣首字羅馬拼音中的「Mi」。旗子上的圖案象徵進步的階梯。

▼ 宮崎縣

▼ 北海道

藍色代表海洋和天空，星星代表希望和未來。

▼ 神奈川縣

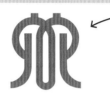

紅色非寫實符號代表神奈川縣首字羅馬拼音的「Ka」。紅、白色是代表日本的顏色。

白色非寫實符號代表長野縣首字羅馬拼音中的「Na」。旗子上的圖案也代表倒映在湖泊上的山脈。

▼ 長野縣

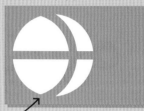

白色非寫實符號代表兵庫縣首字羅馬拼音的「Hyo」。白色代表誠實和希望，藍色代表海洋。

旗子上的非寫實符號代表高知縣的縣名，圓圈則代表和平。

▼ 兵庫縣

▼ 高知縣

▼ 長崎縣

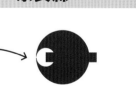

白色背景上有一個長崎縣羅馬首字拼音中的藍色字母「N」。據說這個N字型也像和平鴿的形狀。

▼ 茨城縣

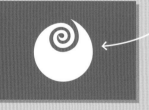

藍色的背景上有一個代表海洋的白色玫瑰花瓣圖案。玫瑰是該區的官方花朵。

白色非寫實符號代表熊本縣首字羅馬拼音的「Ku」。這個圖案也代表了日本第三大島九州島的圖形。

▼ 熊本縣

白色背景上有一個非寫實深紅色符號。該符號代表奈良縣首字羅馬拼音中的「Na」，也代表進步、自然與和諧。

▼ 奈良縣

▼ 石川縣

在藍色象徵海洋的背景上，白色符號拼出了石川縣的縣名。

白色非寫實符號代表宮城縣首字羅馬拼音中的「Mi」。此圖也象徵當地的珍珠，綠色則令人想起山脈。

旗子上的白色非寫實符號代表岩手縣首字羅馬拼音的「Iwa」，此字體象徵進步。

▼ 京都府

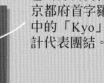

紫色為底，白、金二色的非寫實符號代表京都府首字羅馬拼音中的「Kyo」。其設計代表團結。

金色的非寫實符號代表新潟縣名稱，也代表友誼和希望。

▼ 新潟縣

三片葉子代表

▼ 岩手縣

▼ 三重縣

▼ 大分縣

三個非寫實的符號代表「O」。將三個符號串起來的圓圈則代表和諧與和平。

▼ 岡山縣

金色非寫實的符號代表「Oka」，也代表團結和進步的未來。

旗上有該區的地圖樣式和橘色的富士山。藍色的背景代表天空和海洋，橘色代表團結。

▼ 沖繩縣
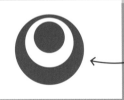

在紅色圓盤圖形上有一個白色「O」字體。外圍的紅色圈圈代表圍繞在沖繩的海洋。

▼ 大阪府

在代表海洋、乾淨和清新的藍色背景上，白色的圖案代表城市。

黃色的符號代表「Toku」字母，也像一隻前行飛翔的小鳥。

▼ 佐賀縣
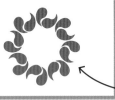

在深綠色的背景上有一株用白、紅色繪製而成的樟腦樹花。

白色的非寫實符號代表字母「To」。這個圖案也是小鳥的形狀，因為鳥取縣的名稱代表「許多鳥」。

▼ 埼玉縣

由16個紅色珠珠串成的圓形代表太陽、力量和發展。

▼ 滋賀縣
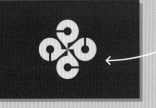

白色的符號代表這個區域的名字。這個圖案也象徵琵琶湖，而翅膀的形狀則代表和諧與和平。

▼ 島根縣

金色非寫實的符號代表島根縣名稱。圓形的圖案代表團結與和諧。

▼ 靜岡縣

非寫實符號代表字母「To」，而綠色的圖案則代表立山。綠色令人連想到大自然。

非寫實的白色符號代表栃木縣名稱，也代表進步和行動。

▼ 栃木縣

藍色非寫實的符號代表字母「Wa」，也代表和諧與進步。

▼ 德島縣

白色的山脈代表白雪和純潔。藍色代表當地的河流與和平。

非寫實的符號代表山口縣的名稱，也代表小鳥舞動著翅膀飛向太陽。

▼ 東京都

有六道光芒的白色太陽代表這個城市。

▼ 鳥取縣
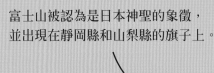

黃色的符號代表字母「Yama」，外圍則有象徵富士山的白色輪廓圖樣。葡萄紫的背景令人想起這個區域的葡萄收成。

▼ 富山縣

▼ 和歌山縣

▼ 山形縣

▼ 山口縣

▼ 山梨縣

富士山被認為是日本神聖的象徵，並出現在靜岡縣和山梨縣的旗子上。

中華民國（台灣）*

*國際上常以「台灣」作為通稱。

採用日期：1928年
比例：2：3
用途：國家
設計說明：以紅色為底，左上角有一個藍色的矩形和白色太陽的圖案。

藍矩形上的白色太陽是來自於歷史上政黨的旗幟。

藍色代表天空。

十二道光芒象徵時間的推移，每道光芒代表兩小時。

紅色代表土地與漢民族。

台灣是鄰近中國東海岸的一個島嶼。中國宣稱擁有台灣領土，而台灣的國旗在國際場合並不被承認，像是奧林匹克運動會賽事。在奧林匹克運動會上，台灣運動員是以中華台北的名義參賽。

台灣運動員參與奧林匹克時，使用的是帶有花朵、太陽和奧會五環圖樣的旗子。在這樣的場合，因為領土爭議，台灣的國旗並不被接受。

越南

採用日期：1976年
比例：2：3
用途：國家和民用
設計說明：紅色背景上有一顆大型的黃色星星圖案。

紅色代表共產主義、革命和越南人的奮鬥。

歷史上，紅、黃色和鄰近中國的皇帝有關。

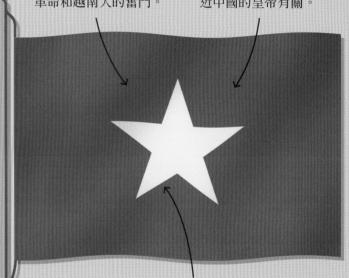

國旗上的五星象徵社會上五個不同的族群——士兵、工人、農夫、小資產商人和知識分子。

19世紀法國控制了越南，二次大戰後，越南宣布獨立並發生了分裂國家的內戰。1954年共產北越開始使用上述的旗子，南越則使用帶條紋樣式的旗子。1976年北越贏得越戰，南北越統一並決定使用北越的旗子作為國旗。

越南有著繁忙城市和偏僻鄉村，是反差鮮明的國家。國旗上的星星代表不同人民的生活型態。

寮國

採用日期：1975年
比例：2：3
用途：國家和民用
設計說明：寬大的藍條紋隔開了兩條紅色橫條紋，中間有一個白色圓盤圖形。

滿月高掛在寮國首都永珍的金塔鑾上。

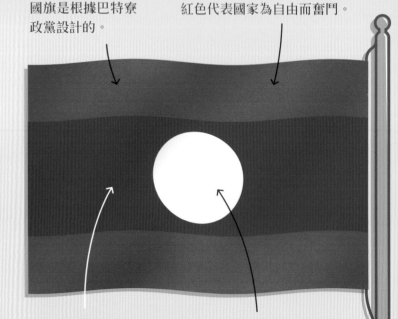

國旗是根據巴特寮政黨設計的。

紅色代表國家為自由而奮鬥。

藍色象徵繁榮，也有部分代表流過寮國的湄公河之意。

白色圓盤代表湄公河上的月亮，也有團結的象徵。

1953年寮國脫離法國獨立。1975年，在巴特寮（即今寮國共產黨）的控制下成為共產國家，並採用了這面國旗。該國旗是少數共產國家國旗上沒有星星圖案的。

藍色和紅色是柬埔寨的傳統顏色。

吳哥窟是柬埔寨最著名的歷史地標。

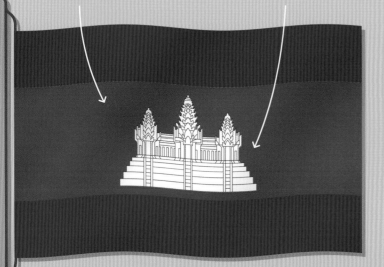

柬埔寨

採用日期：1948年；1993年重新被採用
比例：2：3
用途：國家和民用
設計說明：紅色寬大的條紋隔開了上下的藍色橫條紋，中間是一個白色的吳哥窟視覺圖案。

柬埔寨是唯一一個將代表性建築放在國旗上的國家。12世紀的高棉帝國建造了著名的吳哥窟。高棉君主統治這裡超過數百年，定吳哥為首都。1948～1970年間，首度使用當前的國旗設計，之後撤換過，直到1993年恢復君主體制後再重新採用。

吳哥窟寺耗時35年，在1千頭大象的幫忙以及動員30萬名工人才完成。

泰國

採用日期： 1917年

比例： 2：3

用途： 國家和民用

設計說明： 有紅、白、藍色的五條橫條紋相間，其中藍色的條紋最寬大。

藍色代表國家的君主體制。這個顏色也強調了一次大戰期間，泰國和歐洲盟軍的關聯。

紅旗上有一隻白色大象，過去曾做為泰國國旗。

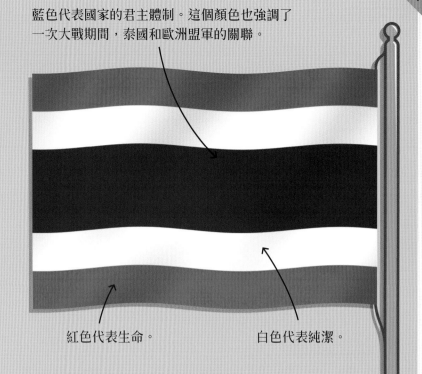

紅色代表生命。　　　　　　白色代表純潔。

泰國的國旗上曾經有大象的圖案。一次大戰，當泰國成為盟軍的一員時，泰王將國旗改成和歐洲國家國旗設計很類似的圖案。現在的國旗又稱為Triaranga或是Triarong（三色旗），也與哥斯大黎加的國旗（見第25頁）很像。

紅色代表力量和勇氣。　　黃色代表人民的團結。　　綠色代表和平。

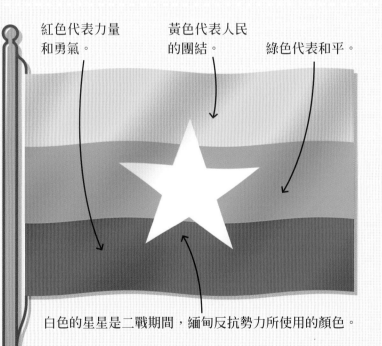

白色的星星是二戰期間，緬甸反抗勢力所使用的顏色。

2010年，緬甸的軍政府採用了現在這面國旗。在此好幾年以前，軍政府還將國名從「Burma」改成「Myanmar」，但是許多國家依然使用舊名稱。前一個版本的國旗有代表農業的稻米、代表工業的齒輪以及在藍、紅色背景上的星星。幾百年前的國旗上還有一隻孔雀。

緬甸

採用日期： 2010年

比例： 2：3

用途： 國家和民用

設計說明： 有黃、綠、紅色三種橫條紋。中間則是一個白色的大星星。

在緬甸隨處可見佛教的廟塔。

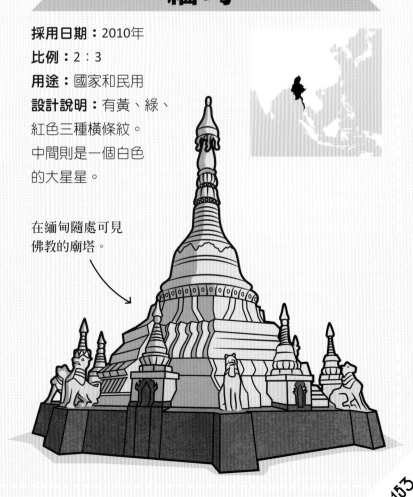

關於旗子的奇聞軼事

這裡包攬所有旗迷們都應該知道奇聞軼事。

遠方的旗子

北極

雖然許多國家宣稱擁有北極附近的海域，但是卻沒有一個國家真正擁有北極。因為極圈的冰會融化和移動，所以不可能在那裡放上一面永久的旗幟。所以2007年，宣稱擁有北極的俄羅斯派了一艘潛水艇下潛至冰面下，並利用機器手臂在海床裡放置了一根旗桿。

火星

有很多關於火星旗的不同設計理念。1990年代的國旗設計呈現出火星可能適合人類居住的想法。旗子上的紅色代表土壤、綠色代表植物，而藍色代表海洋。

月球

月球上的無風狀態使旗子無法飄揚。當阿波羅太空人將美國國旗立在月球上時，他們使用了一根特殊的旗桿，可以延展旗桿穿入旗子上方的折邊，讓旗面得以在月球上展開。

地球

我們的地球有一面銀色和藍色的非官方旗幟設計，它是由一名在斯德哥爾摩貝克曼設計學院的瑞典學生所設計。旗子上七個交錯的圓環呈現出我們彼此緊密相連。在代表海洋的藍色背景上，這些圓環組成了一朵花，象徵著地球上的生命。設計者希望這面旗子有一天能飛到火星上。

南極

挪威人羅納·阿姆森（Roald Amundson）是第一個成功探險南極的人。當他抵達南極時，他將挪威的國旗立在一根竹桿上。雖然南極並不屬於任何國家，但是它卻擁有非官方的旗子設計。設計上使用了聯合國的藍色和白色，這些顏色也代表白雪、冰和海洋。

獨特的旗子

出借旗

英國從來沒有統治過夏威夷（見第19頁），但是美國這一州的州旗卻有英國聯合旗的圖案。其來有因，在1793年，一位名叫喬治·溫哥華（George Vancouver）的英國海軍探險家，拜訪了夏威夷第一位統治者卡美哈梅哈（Kamehameha）國王，並將英國的國旗做為禮物。國王非常喜歡這面旗子並將設計複製在州旗上，到了1816年還加上條紋，用來代表八個主要的島嶼。

三曲腿旗

　　義大利的西西里地區有著一面獨特設計的旗子。旗子中間有三條彎曲的腿和一個帶著翅膀的梅杜莎（Medusa）頭像。在希臘神話裡，梅杜莎是一名蛇髮女怪。她有一頭長滿毒蛇的頭髮，如果和她對視就會變成石頭。旗子上的三條腿可能代表了西西里地區三個不同的端點，或是三名據說是創造出這座島嶼、跳著舞的魔法仙女。

　　旗子上的三條腿圖案稱為三曲腿圖，該圖也出現在曼島的旗幟上（見第108頁），不過稍有不同，曼島的是三條穿戴有金色馬刺的冑甲腿圖。這三腿圖的樣式很古老，但沒有人真正了解其意，曾經統治過這座島嶼的維京人也許曾經使用過這個圖案。曼島旗子上的三腿圖可能是取自中世紀時期騎士們所穿的盔甲。

船骸旗

百慕達旗子（見第109頁）上有一艘停泊在高聳懸崖上的船骸圖案。17世紀時，這座島嶼是船難生還者定居的地方。雖然人們依然在爭論旗子上的船骸圖到底是哪一艘船，但是此圖也許是那時期所發生的其中一件船難。這是世界上唯一一面呈現出意外事件的旗子。

很久以前的「笑容旗」

一個名叫北高加索酋長共和國的短命國家，在1917～1922年間使用了這面旗子。該國位在俄羅斯聯邦的西南地區，其設計看上去很像一張笑臉。

馬來西亞

採用日期：1963年
比例：1：2
用途：國家和民用
設計說明：左上角藍色矩形，帶有新月與星星圖形。右邊是14條紅白橫條紋。

新月和星星代表伊斯蘭教。

條紋代表14個馬來西亞的原始聯邦，而國旗的顏色是根據美國國旗（見第16頁）來設計。紅色和白色也是東南亞的傳統顏色。

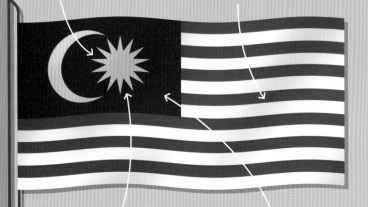

星星有14個角，代表每一個聯邦。

藍色代表團結。

中國南海將馬來西亞分隔成兩個領土。該國曾經有14個聯邦，但是當1965年新加坡脫離時，此設計仍不變，而是將第14個條紋改以代表首都吉隆坡。馬來西亞人稱這面國旗是「榮耀的條紋（Jalur Gemilang）」。

馬來西亞人拿著國旗遊行來慶祝國慶日。

馬來西亞州屬和地區

馬來西亞由13個州和3個聯邦地區所組成，它們都各自有自己的旗子。

▼ 柔佛州

紅色代表過去守護當地的戰士。

▼ 吉打州

紅色是吉打州的傳統顏色，代表富裕。稻米花圈代表該州的主要產物。

▼ 吉蘭丹州

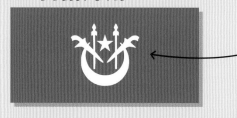

紅色背景代表忠誠，匕首和馬來西亞武器（krises，格里斯劍）的白色圖案則象徵勇氣。星星和新月代表伊斯蘭教。

▼ 吉隆坡（聯邦直轄區）

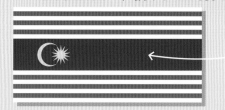

顏色分別為：藍色（團結）、紅色（勇氣）、白色（純潔）、黃色（富裕）。

▼ 納閩（聯邦直轄區）

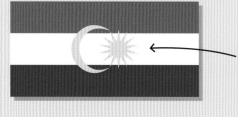

旗子上有紅、白、藍色的橫條紋，以及和國旗圖案呼應的黃色新月和星星。

▼ 馬六甲州

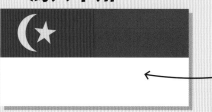

不同的設計，但是圖案元素與國旗上的象徵一樣。

▼ 森美蘭州

黃色背景代表森美蘭州的統治者。左上角的黑色和紅色三角形代表這個區的統治者（黑色）和人民（紅色）。

▼ 布城（聯邦直轄區）

直條紋代表力量（藍色）和尊重（黃色）。中間是馬來西亞的盾牌徽章。

▼ 彭亨州

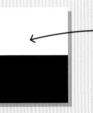

白色橫條紋代表彭亨州的蘇丹國王。黑色條紋代表主權。

▼ 沙巴州

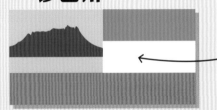

州旗的左上角有京那峇魯山。橫條紋代表和平（藍色）、純潔（白色）和勇氣（紅色）。

▼ 霹靂州

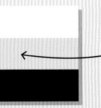

白、黃、黑三色的橫條紋代表統治的皇室家族：蘇丹國王（白色）、皇太子（黃色）、皇儲（黑色）。

▼ 砂拉越州

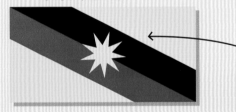

黑色和紅色的對角條紋代表該州的自然資源和勇敢的人民。九個端點的星星代表九個地區。

▼ 玻璃市州

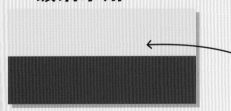

黃色橫條紋代表玻璃市州的統治者，藍色條紋象徵人民。

▼ 雪蘭峨州

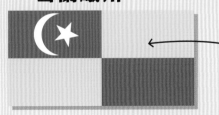

黃色和紅色的四邊形代表忠誠和勇敢。左上角出現了伊斯蘭的星星和新月圖形。

▼ 檳城

旗子上的直條紋有代表海洋的藍色、代表和平的白色、代表富裕的黃色，中間則是檳城的棕櫚樹圖案。

▼ 丁加奴州

白色的外邊框代表丁加奴州的蘇丹國王，而黑色的矩形代表人民。中間是白色的伊斯蘭新月和星星。

新加坡

採用日期：1965年
比例：2：3
用途：國家和民用
設計說明：紅、白二色的橫條紋。左上方有白色的新月和五顆星星。

新月代表新國家。

星星代表五個理念——和平、民主、進步、正義和平等。

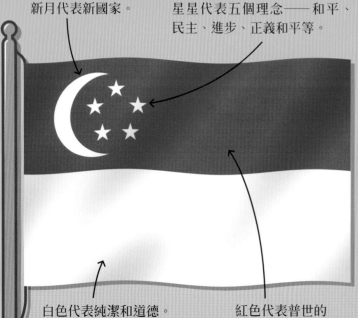

白色代表純潔和道德。

紅色代表普世的友誼和平等。

新加坡既是一個城邦也是一個有著超過60座外島的島嶼。主要的島嶼是一個建築密集、有著全世界最繁忙港口的城市。雖然直到1965年新加坡才正式成為獨立的國家，但是在更早之前的1959年，就已經首度採用這面國旗。不像大部分其他有著新月的國旗，新加坡國旗上的新月並不代表伊斯蘭教，而是代表新加坡是一個年輕有朝氣的國家。

在新加坡國慶日這天可以看到掛著國旗的直升機飛越城市。

汶萊

採用日期：1959年
比例：1：2
用途：國家和民用
設計說明：橫穿中間的黑色和白色的對角條紋。兩旁有黃色的三角區塊，中間則是國家紅黃相間的盾牌徽章。

黃色代表統治這個國家、汶萊的蘇丹國王。

黑色和白色條紋代表國家的兩名主要部長。

盾牌徽章象徵伊斯蘭教和皇家統治者。

汶萊位在世界上第三大島婆羅島的北海岸。1984年汶萊脫離英國獨立，但是在此之前，就已經使用了上方這面旗子。中間的盾牌徽章據說是由沙里夫·阿里（Sharif Ali）所設計的。他是15世紀統治過這裡、汶萊的第三位蘇丹國王。

聚焦盾牌徽章

國家的盾牌徽章象徵皇室和伊斯蘭教。

皇室的旗子和雨傘。

手的圖案代表好政府。

伊斯蘭的新月。

「汶萊，和平之所。」

「在神明的指引下，永遠提供服務。」

菲律賓

採用日期：1898年
比例：1：2
用途：國家和民用
設計說明：左邊是一個帶有黃色太陽和三顆星星的白色三角形。右邊是藍、紅二色的橫條紋。

世界上最小的哺乳動物是眼鏡猴，同時也是稀有物種之一，就住在菲律賓的雨林裡。

白色代表自由和平等。

紅色代表愛國主義和勇敢。

藍色代表和平與真實。

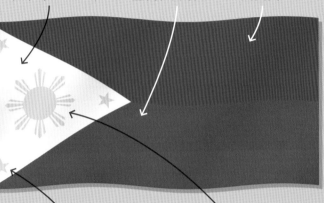

星星代表國家的三個主要地區。

太陽的八道光芒代表19世紀反抗西班牙統治的八個省分。

菲律賓是由超過7,000座島嶼所組成的國家，當地有著許多稀有的物種。自從1898年菲律賓脫離西班牙獨立，上方這面旗子已經使用超過100多年。而美國在同一年控制了菲律賓，這面旗子也被禁止使用。在二次大戰期間，當日本侵略菲律賓時，國旗的禁令依然持續。直到1946年菲律賓重新獲得獨立時，這面國旗才重新被採用。

2016年在菲律賓的獨立紀念日，臉書因為將國旗顛倒放置而必須出面道歉。如果國旗上下顛倒，這代表國家處於戰爭。

印尼

採用日期：1945年

比例：2：3

用途：國家和民用

設計說明：紅、白色二種橫條紋。

為了紀念國家的獨立日，不同的男子隊伍參與了這個傳統比賽。該比賽目的是爬上一根油桿，並抓到綁在桿子上的獎品。

顏色和設計來自13世紀滿者伯夷帝國統治者所使用的橫幅。

紅色代表勇氣。

白色代表誠實。

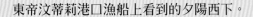

東爪哇的滿者伯夷帝國在幾百年前第一次使用了這面印尼國旗。之後對抗荷蘭爭取獨立的軍隊也使用過。這面旗子變成是他們奮鬥的象徵，在1945年，也就是二次大戰結束後不久，正式被採用為國旗。1949年，印尼獲得獨立。該旗的設計和摩納哥（見第90頁）以及波蘭（見第118頁）的國旗很類似。

東帝汶蒂莉港口漁船上看到的夕陽西下。

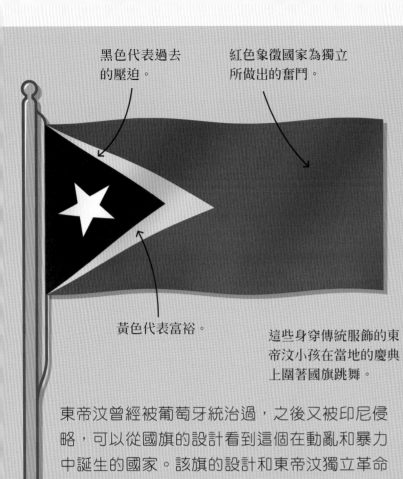

黑色代表過去的壓迫。

紅色象徵國家為獨立所做出的奮鬥。

黃色代表富裕。

東帝汶

採用日期：2002年

比例：1：2

用途：國家和民用

設計說明：最左邊的黑色三角上，帶有一個白色五角星星，底下則是黃色V字形圖樣。右邊則是紅底。

這些身穿傳統服飾的東帝汶小孩在當地的慶典上圍著國旗跳舞。

東帝汶曾經被葡萄牙統治過，之後又被印尼侵略，可以從國旗的設計看到這個在動亂和暴力中誕生的國家。該旗的設計和東帝汶獨立革命陣線（簡稱「革陣，Fretilin」），所使用過的旗子很類似。這個團體曾經反抗過印尼的統治。國旗上的白色星星代表對未來的希望。

密克羅尼西亞聯邦

帛琉

巴布亞新幾內亞

所羅門群島

澳大利亞

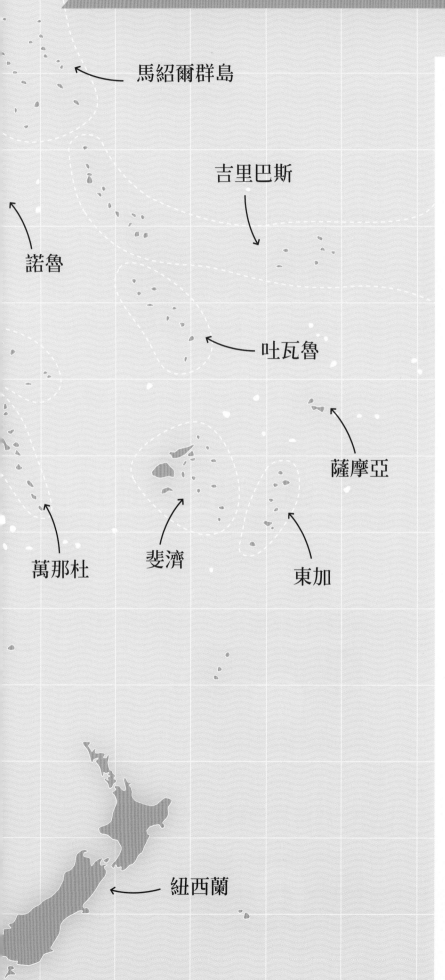

澳大利亞和大洋洲

馬紹爾群島

吉里巴斯

諾魯

吐瓦魯

薩摩亞

萬那杜 斐濟 東加

紐西蘭

澳大利亞

採用日期: 1903年
比例: 1:2
用途: 國家和民用
設計說明: 深藍色為底,左上角有一面英國聯合旗的圖案,其下有一顆白色大星星,而右邊則有五顆較小的星星。

英國曾統治過澳大利亞,而國旗上英國聯合旗的圖案代表了這層關係。

右邊的星星是南十字星座。在澳大利亞的夜空中可以看到這個星座。

大型的七角星星代表六個澳洲省分以及領地,又稱為國家聯合體星星。

澳大利亞是世界上第六大國家,也是擁有自己的大陸的國家。這個國家被印度洋和太平洋包圍。1901年六個獨立的自治州首次加入聯邦,並為了設計新的國旗而舉辦比賽。包含一名14歲學生在內的五人隊伍,設計了和上方類似的國旗,他們被宣布是比賽贏家並共享了200英鎊的獎金。然而直到1954年,這面國旗才完全取得合法地位。

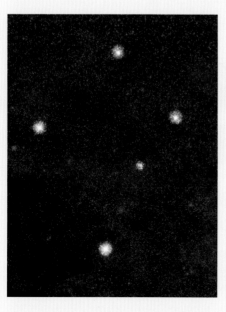

南十字星座出現在澳洲的天空和國旗上。這個星座的圖案也出現在其他大洋洲國旗上。

澳洲的州和領地

澳洲是由西澳大利亞州、南澳大利亞州、昆士蘭州、新南威爾斯州、維多利亞州和塔斯馬尼亞州,共六個州和兩個領地所組成。每個地區都有自己的旗幟。

第一批澳洲住民

這兩面旗子屬於澳洲原住民。他們是海外定居者來到澳洲之前就居住在此的第一批住民的後代。

▼ 原住民旗子

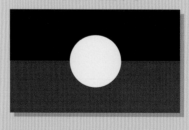

這面旗子代表澳洲原住民,常常和國旗一起飄揚。黑色和紅色的橫條紋象徵人民和土地,黃色的圈圈是太陽。

▼ 托雷斯海峽島民旗

綠色和藍色的區塊象徵土地和水,黑色的條紋象徵島上的人民。旗子的中間有一個圍繞在五角星星的傳統頭飾。

▼ 西澳大利亞州

黃色圓盤上的黑色天鵝代表生活在天鵝河的天鵝。

▼ 新南威爾斯州

有著紅色十字的白色圓盤上標示著獅子和代表南十字星的圖案。獅子和英國聯合旗的圖案代表和英國的歷史關係。

▼ 北領地

左邊黑色豎條上有南十字星圖案，右邊的土黃色背景有一朵斯特爾（Sturt）沙漠玫瑰。土黃色、黑色和白色代表原住民。

▼ 澳洲首都特區

旗子上有南十字星和坎培拉市的盾牌徽章。藍色和白色的天鵝舉起了盾牌。

▼ 南澳大利亞州

黃色的圓盤代表太陽，上面還有一隻停留在桉樹樹枝上的白背喜鵲。

▼ 維多利亞州

南十字星和皇冠代表了和英國女皇的關係。

▼ 昆士蘭州

白色圓盤圖案上的藍色馬爾他十字和皇冠指的是英國皇室。

▼ 塔斯馬尼亞州

白色圓盤上的獅子圖案象徵了和英國的歷史關係。

澳洲海外領地

澳洲海外領地的阿士摩–卡提爾群島、珊瑚海群島屬地以及赫德島和麥克唐納群島都使用澳洲國旗，但是以下這三個屬地卻有自己的旗子設計。

科科斯(基林)群島　阿士摩–卡提爾群島　聖誕島　珊瑚海群島屬地　諾福克島　赫德島和麥克唐納群島

▼ 科科斯（基林）群島

綠色背景的金色圓盤上有一棵棕櫚樹，還有金色南十字星和伊斯蘭教的新月圖案。大部分科科斯群島的馬來人都信奉伊斯蘭教。

▼ 聖誕島

綠色和藍色代表海洋和土地。旗子上還有南十字星、島嶼剪影和一隻金色白尾熱帶鳥的圖案。

▼ 諾福克島

在兩條綠色豎條中間的白色豎條上有一棵諾福克島的松樹。

南十字星座代表巴布亞新幾內亞和澳大利亞的歷史關聯。

極樂鳥是島上豐富野生動物的象徵。

巴布亞新幾內亞

採用日期：1971年
比例：3：4
用途：國家和民用
設計說明：黑、紅二色的三角區塊。在黑色三角上有白色的南十字星座，而紅色的三角上則有一隻金色的新幾內亞極樂鳥。

在傳統服飾和藝術上常常可見紅色和黑色。

巴布亞新幾內亞在1975年脫離澳大利亞獨立，但在1971年就採用了上方這面國旗，這是一名15歲的藝術系學生蘇珊·卡利克（Susan Karike）所設計。採用的鳥兒圖案是關鍵選擇，因為這隻鳥只生活在這座島嶼，傳統上與該國的文化相關。鳥兒的姿勢代表即將展翅翱翔，就像是國家脫離殖民統治而獨立一樣。

彩色的新幾內亞極樂雄鳥有黃色的鳥冠、綠色的喉嚨和紅褐色的羽尾。

在巴布亞新幾內亞的戈羅卡秀上一名原住民臉上塗滿了國旗的顏料

黃色的圓盤代表滿月，是和平與成就的象徵。

藍色象徵帛琉的獨立自由。

帛琉

採用日期：1981年
比例：5：8
用途：國家和民用
設計說明：在藍色的背景上有一個偏離中心、大型的黃色圓盤。

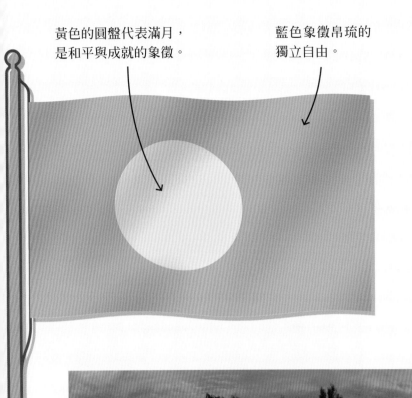

帛琉直到1994年才完全脫離美國獨立，但自1981年起，便一直使用這面帶有滿月圖形的旗子。這是伯勞·史克伯（Blau Skebong）在1979年的比賽中設計的，其反應了月亮對該國的重要性。滿月對帛琉人很重要，因為這被視為是捕魚、種植農作物以及開鑿獨木舟的良辰吉時。據說，滿月也帶給人平和與寧靜。

帛琉島上的月光。月亮是國旗上的主要特色。

密克羅尼西亞聯邦

星星代表組成這個國家的四座島嶼群。

藍色的背景象徵海洋。

採用日期：1978年
比例：10：19
用途：國家和民用
設計說明：藍色的背景上有四個白色星星。

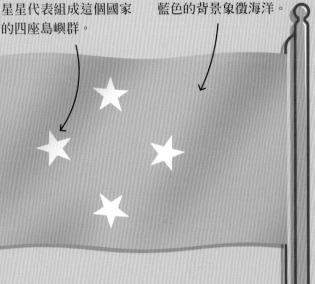

雅浦島

楚克群島

波納佩島

科斯雷島

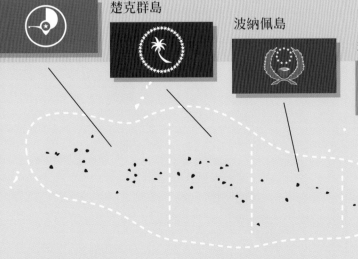

密克羅尼西亞聯邦是由四大島嶼，以及約600個小島所組成。國旗上的星星代表每一個聯邦，曾經有六個星星，但是馬紹爾群島、帛琉及北馬里亞納群島離開了聯邦，之後科斯雷島加入，所以星星的數目又做了調整。國旗的顏色和曾經治理過密克羅尼西亞的聯合國旗子一模一樣。

167

馬紹爾群島

採用日期：1979年
比例：10：19
用途：國家和民用
設計說明：藍色為底，中間有一道橘、白色對角光芒穿越。左上角有一個24角的大星星。

藍色象徵太平洋。

橘色條紋代表勇氣和富裕，白色條紋代表和平。

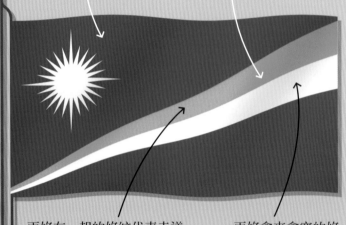

兩條在一起的條紋代表赤道和國家兩個主要的島鏈。

兩條愈來愈寬的條紋象徵成長及對未來的希望。

馬紹爾群島有兩個主要的島鍊——代表日出的拉塔克群島和代表日落的拉利克群島。國旗上的條紋分別代表了這兩個島鍊：橘色是拉利克群島、白色則拉塔克群島。該國曾被美國統治過，但於1979年成為自治國家。為了設計新國旗舉辦過比賽，由總統夫人艾米利安·卡布爾（Emlain Kabua）贏得這場比賽。該國於1990年變成共和國。

國旗上星星圖案的解剖

最長的光芒代表馬久羅環礁、賈魯伊特環礁、沃杰環礁、伊拜環礁的行政中心。

星星的每個端點代表島嶼上的每一個地區。

最長的光芒也形成一個十字圖形，反映了島上人民的基督教信仰。

吉里巴斯

採用日期：1979年
比例：1：2
用途：國家和民用
設計說明：藍白的波浪條紋和紅色的天空，還有金色的日出與軍艦鳥圖案。

藍色和白色的波浪條紋代表太平洋。

軍艦鳥代表力量及海的影響力。

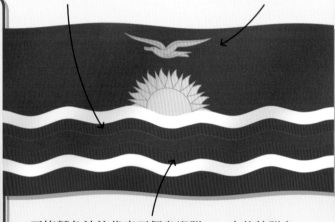

三條藍色波浪代表三個島嶼群——吉伯特群島、鳳凰島和萊恩群島。

吉里巴斯是由33座島嶼組成的國家，曾經被稱為「吉伯特及艾利斯群島」。1979年當吉里巴斯脫離英國獨立，這個國家又改了名字。新的國名用當地的吉里巴斯語指的是「吉伯特人」。他們舉辦了一場新的國旗設計比賽，必須根據該國的徽章來設計。國旗上太陽的圖案有17道光芒，代表16座吉伯特群島和巴納巴島。

有著鼓起的紅色喉部，壯觀的軍艦鳥是吉里巴斯的國鳥

薩摩亞

採用日期：1948年

比例：1：2

用途：國家和民用

設計說明：左上角的藍色矩形裡有白色南十字星座，剩下的部分則是紅色。

藍色代表自由。

白色象徵純潔。

紅色代表勇氣。

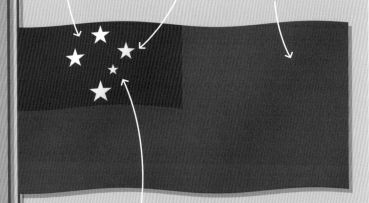

南十字星座在薩摩亞的夜空上閃閃發亮。

薩摩亞是一個有著九座島嶼的國家，只有其中的四座島嶼有住人。這四座島分別是烏波盧島、薩瓦伊島、馬諾諾島和阿波利馬島。1962年薩摩亞脫離紐西蘭獨立，其國旗的顏色和紐西蘭的國旗相同。薩摩亞和由美國管理的美屬薩摩亞一起共有薩摩亞群島。薩摩亞的國旗上有南十字星座，這在澳大利亞、巴西和紐西蘭的國旗上也可以看到這個星座圖。

穿著傳統服飾的薩摩亞人正在慶祝50週年的國家獨立。

東加

採用日期：1875年

比例：1：2

用途：國家和民用

設計說明：左上角有一個白色矩形，其上有紅十字，剩下的部分是紅色的。

紅十字代表基督教信仰。

紅色的背景象徵耶穌基督的鮮血。

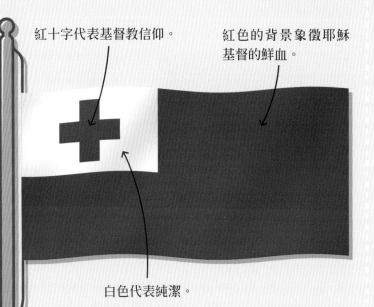

白色代表純潔。

東加是一個有超過170座南太平洋島嶼的國家。這個國家實行君主體制，而國旗是1866年由改信基督教的喬治·圖普一世（George Tupou I）國王所設計的。一開始，國旗是白色的，上面有個紅色十字，但是這個設計和紅十字會的國旗太類似，所以國旗的樣式又做了更改。之後東加國王下令國旗不得再做任何更改，所以根據法令，國旗的樣式必須永遠保持一樣。

在奧林匹克運動會上，東加護旗手帶領著他的隊伍。

運動旗子

在一些運動項目中，有一些特定的旗子具有重要的意義。任何參與運動的人都需要知道這些旗子。

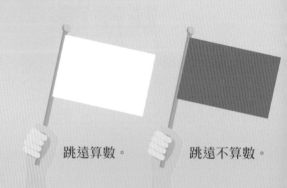

跳遠算數。　　跳遠不算數。

紅旗指的是「不算數」

在跳遠和三級跳遠的運動比賽中，紅旗指的是因為運動員在起跳板末端已經踩線，所以該次跳遠不算數。白旗指的則是跳遠算數。

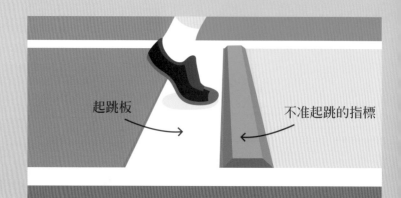

起跳板　　　　　　　　　不准起跳的指標

在球場上

在許多不同的團體比賽中，你會看到用來標示球場邊界的旗子和示意比賽中所發生事情的旗子。

黃色的旗子標示了足球場的角落。

足球邊線裁判員使用方格旗來和球場上的裁判溝通。

甩旗

甩旗表演者娛樂了路過的民眾。

在義大利的慶典中，有時候你會看到甩旗這種運動。這個運動可以追溯到中世紀，當地的行會（傳統手工業組織）在慶典遊行期間，時常展示他們的旗子。甩旗表演者用義大利文稱做「sbandieratori」。他們以協調的動作，伴隨喇叭手和鼓手的節奏甩出旗幟。甩旗隊伍會依藝術展現的方式來進行比賽。

賽車旗

在賽車和摩托車比賽中，旗子會用來與選手溝通。因為選手很難從車外聽到任何指示，所以這些旗子很重要。所有年輕的賽車手都會被要求學習辨識其比賽中所發出的旗子訊號。

方格旗

當車輛行駛過終點時，會揮舞方格旗。

紅旗

因為比賽不安全，賽事已被暫停。

黃旗

前方有危險，不允許超車。如果黃旗只揮舞一次，代表減速慢行。如果揮舞兩次，代表準備停車。

藍旗

後方有一輛車速比你更快的車。請讓它超車。

黑旗

因為犯規失去比賽資格。

紅黃條紋旗

小心。賽道易打滑。

綠旗

事故發生後，一切又恢復正常。可以繼續比賽。

有橘色圓形的黑旗

機械故障。請到賽車場檢修站。

黑色和白色半對角旗

對於缺乏運動精神的行為提出警告。如果繼續犯規，選手也許會得到失去比賽資格的黑旗。

白旗

注意賽道上有慢速行駛的車輛。

搶旗比賽

參賽者試圖搶下旗幟。

每一年，馬爾他的聖朱利安城會舉行爬油桿搶旗子的傳統比賽，以慶祝他們的守護神。參賽者沿著長10公尺、伸出海面的油膩長桿攀爬。為了贏得獎品，在跌落海裡前，他們必須抓到一面旗子。油桿上的旗子具有天主基督教的涵義，藍白旗代表聖母瑪利亞、黃白旗代表教宗、比利時旗則代表聖朱利安城。

斐濟

採用日期：1970年

比例：1：2

用途：國家和民用

設計說明：藍色的背景，左上角有一面英國聯合旗，右邊則有斐濟的盾牌徽章。

英國的聯合旗（見第108頁）代表斐濟和英國的歷史關聯。

藍色象徵太平洋。

斐濟是一個位在南太平洋、有著超過330座島嶼和許多小島的國家。1970年，這個國家脫離英國獨立，並採用了上方這面國旗。2015年，為了重新設計國旗，並取代過去殖民的意象，斐濟舉辦了國旗設計比賽。然而在一場熱帶龍捲風襲擊這座島嶼後，這場比賽因為花費過高且資金需用在災後重建上而被取消。

國旗上的盾牌和盾牌徽章有一隻爪子抓著椰子的獅子（代表英國）。

椰子樹、甘蔗和一串香蕉代表島嶼的農作物。鴿子象徵和平。

兩名斐濟戰士全副武裝地支撐著盾牌，其上有艘獨木舟，而下面是座右銘，意思為「敬畏上帝，尊敬國王」。

吐瓦魯

採用日期：1997年

比例：1：2

用途：國家和民用

設計說明：左上角有一面英國聯合旗。右邊的天藍色背景上則有九顆金色的星星。

英國的聯合旗代表吐瓦魯和英國的歷史關係。

每顆星星都代表國家的每一個島嶼。

藍色象徵海洋。

吐瓦魯曾經是艾利斯群島的一部分，但是當1978年脫離英國獨立後，國家也改了名字。吐瓦魯這個名字意思是「八座島」，但是現今有九座有人居住的島嶼。其中有五座是環狀珊瑚島，而有四座是從海床隆起的陸地頂端。1995年國旗稍微做了更改。為了讓國旗能更加反映吐瓦魯這個國名，他們決定加上八顆星星，但過了兩年後，上方這面國旗才被重新採用。在吐瓦魯，農業和漁業是主要的產業，而藍色的旗子則強調了漁業和海洋的重要性。

英國航海歷史

就像許多太平洋島嶼國一樣，吐瓦魯國旗上的藍色背景代表海洋，但是這個顏色也來自於用來辨識船隻的英國的藍色艦旗（如上圖）。

諾魯

採用日期：1968年
比例：1：2
用途：國家和民用
設計說明：藍色為底，中間有一條狹長金色橫條紋，左下方有一顆大型的12角星星。

藍色代表海洋。　　　金色條紋象徵赤道。

星星的12個端點代表諾魯的12個原住民部落。

諾魯是世界上面積第三小的國家，僅次於摩納哥（見第90頁）和梵蒂岡（見第91頁）。諾魯曾被稱為「舒適島（Pleasant Island）」，直到1968年獨立前，是由澳大利亞、紐西蘭和英國共同治理。為了創造新的國旗，那時還舉辦了比賽。獲勝的國旗設計上有一顆在黃色線條下的星星，象徵諾魯位在赤道一度以下的位置。

太平洋

諾魯

赤道

諾魯島就位在赤道一度以下的位置。

澳大利亞

所羅門群島

採用日期：1977年
比例：1：2
用途：國家和民用
設計說明：藍色和綠色的三角區塊，中間則有一條金色的對角條紋。左上角還有五顆白色的星星。

星星象徵五個主要的島嶼群。　　藍色代表海洋，而綠色象徵土地。

黃色代表陽光。

所羅門群島是一個由珊瑚和火山島所組成的國家。1978年，這個國家脫離英國完全獨立。在獨立的前幾年，為了設計新的國旗而舉辦了設計比賽。領導人認同的許多國旗設計，顯然人民不買單，最後都被否決了。有一面旗子上繪有黑色軍艦鳥，但是人們覺得這樣的設計只呈現了國家的其中一個省分。最後獲勝者來自紐西蘭，也讓本人大感意外，因為評審想要找由所羅門島民所設計的國旗，所以根本沒有料到會贏得比賽。

國旗上的藍色代表所羅門群島附近的海域。在那裡可以發現小丑魚和其他神奇的海洋生物。

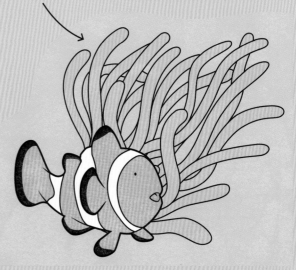

萬那杜

採用日期：1980年

比例：3：5

用途：國家和民用

設計說明：最左邊是一個有著野豬長牙和蕨葉圖案的黑色三角形圖案。金色的Y字型勾勒出黑色的輪廓，並且隔開了紅色和綠色的區塊。

蕨葉代表對和平的渴望。

野豬長牙象徵富裕。

黑色代表萬那杜的人民。

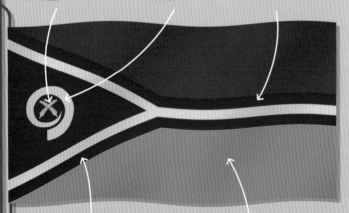

Y字型代表萬那杜島嶼的形狀。

綠色代表土地，金色象徵陽光，而紅色代表傳統虔誠豬祭品所流出的鮮血。

萬那杜以前稱為新赫布里底，是由80座火山島嶼所組成的國家。1980年，萬那杜脫離英國和法國獨立。那時採用的國旗是一名當地的藝術家卡隆塔・馬龍（Kalontas Malon）幾年前所發想的設計。馬龍在設計國旗所採用的顏色來自一個政黨的代表色。之後他在1991年的太平洋拳擊比賽中贏得獎牌，當他受獎時，可以看到現場揮舞著由他設計的國旗。

以野豬長牙裝飾而成的吊飾是島嶼上財富的象徵。

紐西蘭

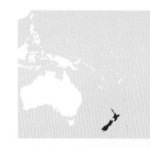

採用日期：1902年

比例：1：2

用途：國家

設計說明：左上角有英國聯合旗的圖案。右邊的藍色背景上有四顆白色邊框的紅色星星。

英國聯合旗圖案代表紐西蘭和英國的歷史關聯。

藍色來自英國海軍艦旗的設計（見第172頁）。

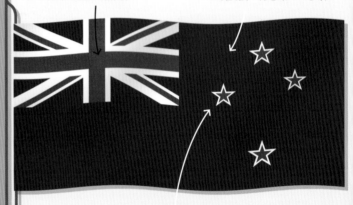

星星代表南十字星。

紐西蘭有南島和北島兩座主要的島嶼。1947年，紐西蘭完全脫離英國獨立，但是仍保留了國旗上英國聯合旗的設計。自1869年開始，紐西蘭便開始使用這面國旗，但是直到1902年才正式採用。與澳大利亞的國旗很類似（見第164頁），所以有時候會造成混淆。

其他紐西蘭的旗子

這面代表紐西蘭原住民毛利人的旗子又稱為自治旗，是1990年所設計的。旗子上捲曲的白色條紋象徵新生命和希望。2010年這面旗子第一次在奧克蘭港口上飄揚。

2016年，紐西蘭舉行公投決定是否要採用新的國旗設計，並將銀色的蕨葉圖形取代英國聯合旗的圖樣。最後，投票結果以些微差距決定保留原來的國旗設計。

紐西蘭海外領地

紐西蘭有三座南太平洋領地：庫克島、紐埃島和托克勞群島。為了區別身分，這些島嶼都有自己的旗子。

托克勞群島

紐埃島

庫克島

▼ 庫克島

左上角有英國聯合旗，右邊深藍色的背景上有代表島嶼的15顆白色星星。

▼ 紐埃島

左上角有一面帶有五顆金色星星的英國聯合旗，這些金色小星星代表南十字星。在深藍色圓形上的大星星則代表海洋上的島嶼，黃底象徵陽光。

▼ 托克勞群島

藍色背景上有一個金色帆船的圖案，還有代表南十字星的白色星星。

大洋洲國家和歐洲許多國家都有歷史關聯，通常反映在國旗的設計上。它們也有從原住民代代相傳下來的文化，像是這個傳統的紐西蘭雕刻代表當地毛利人的文化。

國際組織旗

許多國際組織有很多會員國,所以需要自己的旗子來做為代表。

紅十字　　紅色新月　　紅色水晶

聯合國

為了維持世界的和平與安全,1945年設置了聯合國。聯合國的旗子有一個被象徵和平的橄欖樹枝所圍繞的世界地圖。

紅十字會

紅十字會成立於1863年,意旨在於減少受災人類所遭受的痛苦。紅十字會的創辦人是瑞士人,所以他們將瑞士國旗的顏色(見第103頁)顛倒過來,變為該組織的會旗。紅十字會的會旗上是白旗加上紅十字,而在穆斯林國家,就會改用紅色新月。紅水晶旗則不和任何宗教有關連。

奧林匹克環

奧林匹克運動會的會旗有五個彩色圓環,環環相扣。這五個圓環象徵國際團結,以及那些遵守奧林匹克運動會精神並來自世界各地的運動員。從左邊開始,圓環的顏色分別是藍色、黃色、黑色、綠色和紅色。1914年設計的這面會旗,顏色結合了每一個國家國旗上有的顏色。

▼ 非洲聯盟（AU）

旗子上有來自非洲大陸的光芒圖案。金色的星星代表非州的會員邦國。

▼ 阿拉伯聯盟（AL）

綠色的背景上有聯盟的標誌。由金色鍊子所形成的圓環代表原來的會員國。

▼ 東南亞國家聯盟（ASEAN）

紅色圈圈裡的十根稻桿代表友誼和團結。

▼ 加勒比共同體（CARICOM）

旗子上有天空和海洋的背景，以及黃色的太陽圖形和組織標誌。

▼ 獨立國家國協（CIS）

藍色背景上八根彎曲的柱子舉起了太陽。

▼ 大英國協

藍色背景上有一個國協地球的圖案，被34個金色鏢槍所形成的大英國協英文開頭C字形所包圍。

▼ 歐盟（EU）

藍色背景上有十二顆金色的星星。星星圓環代表歐洲的團結。

▼ 伊斯蘭會議組織

旗子上有代表泛阿拉伯主義的顏色（見第67頁）另一版本會加上一句「真主至大」的阿拉伯句子。

▼ 北歐理事會

藍色背景上有一個白色天鵝的主題。

▼ 北大西洋公約組織（NATO）

旗子上有象徵大西洋的深藍色背景和四個羅盤方位點。

▼ 東加勒比國家組織（OECS）

九角星星代表會員聯邦。雙環圖則呈現出了律動，代表成長和活力。

▼ 石油輸出國組織（OPEC）

藍色背景上四個非寫實圖案的圖形代表縮寫OPEC。

▼ 太平洋共同體（PC）

由一個拱形圖案所連結的星星圓環代表太平洋共同體的會員國。中間則有一艘風帆、海洋和棕櫚樹的圖案。

▼ 世界貿易組織（WTO）

白色為底，有一個環繞世界的彩色旋轉標誌，以及該組織的英文和法文縮寫。

術語彙編

國旗（National Flag）：在國際場合上所使用的國家官方旗。

政府旗（State Flag）：和國旗的版本略有不同，懸掛在政府公家機關。

區域旗（Subnational Flag）：在邦或州、省分及海外領地這類的國家地區使用的旗子。

元首旗（President's Flag）：國家元首所使用的官方旗幟。

軍艦旗（Naval Ensign）：懸掛在海軍船尾上，用來表示國籍。

國家海軍旗（Maritime Flags）：懸掛在船隻上的旗子。

軍階旗（Rank Flag）：如果有海軍將領在船上指揮船艦，會在軍艦上懸掛。

民用旗（Civil Flag）：非政府組織所使用的旗子。

民用船旗（Civil Ensign）：懸掛在私人船隻或是小船，標示了船隻登記國的國籍。

禮儀旗（Courtesy Flag）：懸掛在遠洋船隻，代表航行所屬的海域國家。

船首旗桿旗（Jack）：懸掛在遠洋船隻船首上的小型國旗。

海盜骷髏黑旗（Jolly Roger）：最有名的海盜旗設計，黑旗上有骷髏頭。

紅旗艦隊（Red Flag Fleet）：19世紀時一個大型的中國海盜艦隊所懸掛的紅旗。

方格旗（Chequered Flag）：當賽車通過終點線時會揮舞黑白相間的方格旗。

三角旗（Pennant）：一端變狹窄的旗子，有時候會以長條呈現。

三色旗（Tricolour）：三色直條紋的國旗設計，而有此設計的法國國旗又稱三色旗。

三曲腿旗（Triseklion）：由三條腿所組成的圓形古老圖案，用在曼島、英國和義大利西西里的區域旗上。

三角燕尾旗（Burgee）：遊艇上為了表示帆船俱樂部會員所懸掛的旗子。

公司旗（House Flag）：擁有船隻的私人公司的旗子。

皇家橫幅（Royal Standard）：一個國家君主所使用的官方旗子。

軍用橫幅（Military Standard）：代表軍隊的旗子。在交叉的旗桿上會向下懸掛。

欺敵的顏色（False Colours）：海盜用來假裝友善所懸掛的假旗。當他們距離近到能夠發動攻擊，就會立刻換上自己的海盜旗，讓受害者嚇一跳。

海盜黃金時代（Golden Age Of Piracy）：17～18世紀之間，海盜在加勒比海和北美洲大西洋東南海岸橫行的時期。每位海盜船長都會懸掛自己的旗子。

旗面（Field）：國旗背景顏色的稱呼。

旗尾（Fly）：旗身離旗桿最遠的部分。

旗繩（Halyard）：用來升降旗的繩索。

旗軸（Hoist）：旗身最靠近旗桿的部分。

旗桿（Staff）：裝旗幟的桿子。

旗語（Semaphore）：手動式的旗子暗號，用來發送字母和數字的信號。

旗徽（Charge）：國旗背景上的圖案。

旗幟學（Vexillology）：研究旗子的學問。

旗子的使用禮儀（Etiquette）：懸掛國旗的規則。

四等分（Quarterly）：一面國旗分成四部份的設計。

比例（Ratio）：一面旗子高度和寬度的比例。如果一面旗子的比例是1：2，代表了這面旗子的寬度是高度的兩倍。

降半旗（Half-Mast）：為了紀念悲傷的事，國旗只升到旗桿的一半。

國際旗語（International Code Of Flag）：用旗子來代表不同字母和數字的旗語。

政府徽章（State Seal）：用在文件上的官方圖騰。

直條型（Pale）：國旗設計上的直條紋顏色。

邊框型（Border）：圍繞在國旗設計邊緣的框界。

橫條型（Fesse）：國旗設計上的橫條紋。

小矩型（Canton）：旗面左上角有小矩型圖案。

V字型（Chevron）：國旗設計上由旗軸邊向左延伸而出的三角圖形。

Y字型（Pall）：國旗設計上由旗軸處延伸出來的Y字型圖案。

對角型（Bend）：國旗設計上的三角形狀，由對角線分隔開來。

對稱十字型（Symmetric Cross）：長臂十字圖樣。

X字形十字（Saltire）：對角X字形十字圖案。

馬爾他十字（Maltese Cross）：有雙端點的十字。

希臘十字（Greek Cross）：短臂十字圖案。

北歐十字（Nordic Cross）：有著中間偏左直臂長的十字形，又稱為斯堪地那維亞十字。

星座（Constellation）：天空中的星團。一些旗子會出現星座的圖案。

天鷹（Aquila）：古羅馬時代裝飾在旗桿頂上的銀色或金色老鷹圖案。旗桿上會懸掛參戰羅馬軍旗。

南十字星（Southern Cross）：南半球可以看到的星座。這個星座圖案用在許多大洋州地區的國旗上。

盾牌徽章（Coat Of Arms）：一種官方的圖騰，裝飾著圖案和格言的盾牌圖案。

徽章學（Heraldry）：用來稱呼盾牌徽章的官方設計。

徽章頂（Crest）：在盾牌上方、徽章最頂部的圖案。

花環（Wreath）：盾牌徽章上，位在盾牌與徽章之間纏繞捲成的編織物，也稱為徽章環。

盾牌（Shield）：盾牌徽章上所呈現的圖樣。

支撐物（Supporters）：在盾牌徽章上舉起盾牌的圖樣，該圖案也許是動物或人。

捲軸（Scroll）：盾牌徽章上、位在盾牌下的寫有格言的條紋。

間隔部分（Compartment）：指的是盾牌徽章上舉起盾牌的底座。

格言（Motto）：盾牌徽章上的官方句子或諺語。

鑲邊（Bordure）：盾牌徽章上圍繞在盾牌邊緣的框界。

頭目形（Chief）：有一個橫條置於盾頭上。

倒三角形（Pile）：盾牌徽章上尖端朝下的三角圖形。

銀色（Argent）：盾牌徽章上用來表示銀色或白色。

天藍色（Cantons）：盾牌徽章上用來表示藍色。

金黃色（Or）：盾牌徽章上用來表示金色或黃色。

綠色（Vert）：盾牌徽章上用來表示綠色。

黑色（Sable）：盾牌徽章上用來表示黑色。

部門（Department）：在某些國家/地區賦予地方政府單位的名稱。

原住民（Indigenous People）：一個國家在新移民者到達之前的原始居住者。

省分（Province）：在某些國家給當地政府區域的名稱。

都道府縣（Prefectures）：日本的行政區域。

瑞士小行政區（Cantons）：瑞士的行政區域名稱。

城邦（City-State）：國家剛好就是一座城市，像是摩納哥以及梵蒂岡。

公國（Principality）：以王子做為君主的小國家。

內陸國（Landlocked）：四面不臨海的國家。

共和國（Republic）：不實施君主體制的國家。在共和國的體制中，國家領袖並非世襲。

聯合國（United Nations）：所有國家組成的一個組織，其目的是為了維持世界的和平安全。可以看到所有會員國的國旗在美國總部外飄揚。

海外領土（Overseas Territory）：由一個國家管理的國外地區。

紅十字會（Red Cross）：這個國際性救助組織的設立是為了減輕災難發生時人類所遭受的痛苦。這面國際知名的旗子幫助紅十字會的車輛和救難人員可以安全地進入被戰爭踐踏的地區。

自由之帽（Cap Of Liberty）：象徵歐洲共和獨立的一頂軟質三角紅帽，又稱佛里幾亞無邊便帽（Phrygian Cap）。來自古羅馬時代被解放的奴隸所戴的帽子，之後在法國大革命期間也有人戴這頂帽子。

緞帶花結（Cockades）：共和革命者所穿戴的彩色玫瑰花結帽。這種緞帶花結第一次出現在法國、再來是南美洲。自此之後，緞帶花結的顏色也影響了國旗的顏色。

制服（Livery）：君主以及貴族僕人所穿的彩色衣服。歷史上的制服顏色是一些國旗設計的靈感來源，像是荷蘭國旗。

生物多樣性（Megadiverse）：用來形容一個國家有許多特別種類的動植物的詞彙。

泛非洲主義的顏色（Pan-African Colours）：用在許多非洲國旗上，用來代表脫離其他國家獨立也代表非洲團結的紅色、黃色、綠色和黑色。

泛阿拉伯主義的顏色（Pan-Arab Colours）：用在北非和中東旗子上，用來代表阿拉伯團結和獨立的黑色、白色和綠色。

泛斯拉夫主義的顏色（Pan-Slavic Colours）：用在許多巴爾幹國旗上的白色、紅色和藍色。誕生自獨立運動，其靈感為俄羅斯國旗和法國國旗。

索引

照片來源

非常感謝以下提供照片者：

(Key: a-above; b-below/bottom; c-centre; f-far; l-left; r-right; t-top)

500px: 61 (br); 112 (br).

Alamy: AFLO/Mutsu Kawamori 63 (br); David Grossman 35 (b); dpa picture alliance 4 (br); Eric Lafforgue 145 (br); Mike Robinson 169 (bl); powderkeg stock 68 (bl); Xinhua/Wang Lili 26 (b); Zute Lightfoot 73; Michel Denis-Huot 151 (br).

Getty Images: AFP 141 (t); AFP/Franck Fife 48 (b); AFP/Orlando Sierra 24 (c); AFP/Roberto Schmidt 64 (br); DigitalVision/bergserg 164 (br, map); 167 (bl, map); 173 (bl, map); 175 (tl, map); 162-163. DigitalVision/MyFortis 82 (br, Mauritiana); 82 (br, Pakistan); 95 (crb); 128 (tr), (bl); 129 (cl), (cr); 130 (cl); 131 (tr); (bl); 132 (cl); (cr); 133 (cr); 134 (cl); 135 (cr); 138 (tl); 139 (cl); 140 (tl); 141 (bl); 142 (cl); 145 (cr); 147 (cl); (cr); 151 (cr); 152 (clb), (tr); 153 (clb), (tr); 174 (cl). DigitalVision Vectors/chokkicx 16 (ca); 17 (bc); 18 (tl); 20 (fcl), (cl), (cr), (fcr), (fbl), (bl), (br),(fbr),(ftl), (tl), (tr), (ftr), (fcla), cla), (cra), (fcra), (fclb), (clb), (crb), (fcrb), (fbl), (bl), (br), (fbr); 21 (ftl), (tl), (tr), (ftr), (fcla), cla), (cra), (fcra), (fclb), (fbl); DigitalVision Vectors/MyFortis 8 (crb), (bl); 9 (cla), (cra), (crb), (tr), (clb), (bl), (br); 10 (cra), (crb); 11 (clb); 15 (tl); 22 (cl); 23 (cl), (cr); 24 (br); (bc); 25 (bl), (cl), (cr); 26 (cr); 27 (crb); 30 (bc), (bl); 31 (c), (tl), (br); 32 (cl); (cr); 33 (cl); 34 (cl); 39 (tl), (c); 40 (cl); 42 (cl), (bl); 44 (cl); (cr); 45 (cl); (cr); 48 (cl), (tr), (cra); 49 (cl), (cr); 50 (tl); 51 (cl); 52 (cr); 54 (crb); 56 (cl), (cr); 57 (cl), (cr); 58 (tr); 59 (cl), (cr); 60 (tr); 61 (cl); 62 (tr), (bl); 63 (cl), (cr); 65 (cl); 66 (bl); 67 (cl), (cr); 68 (cl), (br); 69 (cr); 72 (cl), (cr); 74 (tl); 77 (tr), (bl); 78 (tr), (bl); 79 (tr), (bl); 81 (tl); 82 (cl), (cr); 83 (tr); 86 (cl), (br); 88 (cl), (cr); 90 (bl); 91 (cl), (cr); 92 (tl); 93 (tl); 96 (tr); 97 (cl); 98 (cl), (cr), (br); 99 (tl), (br); 100 (cl), (cr); 101 (tl); 102 (cl); 103 (tl); 103 (br); 106 (tr), (bl); 107 (cl); 108 (cl); 110 (cl), (cr); 111 (tl); (cr); 112 (cl); 113 (cl), (bl), (b), (cr); 116 (tr), (bl); 117, 118 (cl), (cr); 119 (tl), (br); 122 (cl), (cr); 124 (cl), (cr); 125 (bl). E+/JamesBray 28-29 (b); E+/prmustafa 125 (t); Ed Wray 160 (cl); EyeEm/Wojciech Mlynarski 93 (cr); imageBROKER/Fabian von Poser 75 (bl); iStock/123ArtistImages 5 (b); iStock/dikobraziy 17 (c); iStock/grebeshkovmaxim 14 (cr), (crb), (br); 15 (tr), (cla), (cra), (cl), (cr), (clb), (crb), (bl), (br); iStock/guenterguni 66 (br); iStock/lightyear105 58 (b); iStock/mihtiander 50 (cr) ; iStock/notviper 14 (tr); iStock/OstapenkoOlena 4 (cl); 70-71; iStock/Serhii Brovko 3-4; 12-13; 36-37; 46-47; 84-85; 89 (t); 109 (tr); 126-127; iStock/valio84sl 96 (c); Lightrocket /Jerry Redfern 161 (cr); Lightrocket/Pacific Press 140 (b); Lightrocket/Wolfgang Kaehler 168 (br); Lonely Planet Images/Craig Pershouse 131 (cl); Lonely Planet Images/John Borthwick 77 (br); Lonely Planet Images/Tim Gerard Barker 128 (cr); Moment/Luis Dafos 79 (cl); Moment/Maya Karkalicheva 123; Moment/Nick Brundle Photography80-81 (b); TASS/Alexander Demianchuk 101 (b); VCG 145 (b)

Lonely Planet Images: 65 (r).

NASA Images: JSC 5 (tr); 154 (tr).

Shutterstock: Christopher Morley-Pegge 60 (b); Abdelrahman Hassanein 132 (br); Achim Baque 33 (b); agap 52 (br); Akarawut 22 (br); Anibal Trejo 82 (bl); Ansis Klucis 122 (br); apple2499 143 (c); Asma Samoh 129 (crb); Asuwan Masae 155 (cl); Atlaspix 99 (bl); BlueOrange Studio 31 (bl); brichuas 89 (clb), (fcrb), bl), (bc); 107 (ca); 107 (bc); 107 (br); Bui Santisouk 152 (cla); Caio Felix 45 (br); ChameleonsEye 129 (br); Chris Parypa Photography 16 (b); Chrispictures 5 (tl); DarioZg 170 (bl); davemhuntphotography 77 (cl); David Pegzlz 100 (br); dedek 71 (r); Delis Piile 116 (c); Denis Dubrovin 114-115 (b); Denis Photographer 119 (bl); dikobraziy 82 (br, Malaysia); 157 (tr); Dima Moroz 134 (bl); Dmitrijs Mihejevs 142 (bl); Dmitry Chulov 138 (cr); Duda Vasilii 5 (cl); 6 (cl); 66 (cr); 176 (cl); Ekaterina McClaud 138 (bl); Filip

Fuxa, 124 (br); Gaulois_s 120-121 (all flags); Ghing 159 (r); gladder 44 (bl); goodcat 102 (bl); goodwavero 89 (cl); 90 (tr); 96 (bl); grafxart 110 (bl); grebeshkovmaxim 10 (br); 18-19 (all flags);40 (cr), (bc); 42-43; 68 (cr); 87 (all flags); 89 (fcl), (fcr), (fclb); 90 (cl); 105 (all flags); 106 (br), (c); 155 (tl); 165 (all flags); 148-150 (all flags); 156-157 (all flags); Guitar photographer 158 (bl); Hartmut Albert 175 (b); HitManSnr 156 (bl); Homo Cosmicos 79 (br); Igor Karasi 133 (br); Isame 135 (bl); isaxar 166 (b); Antonie de Rooij 72 (br); Ivsanmas 17 (tl), (tr), (br), (bl); 76 (b); 97 (cr); 98 (cr); 107 (cra); 108 (tr), (cra), (crb), (bc); (br); 109; 112 (crb), (cb); 113 (br); 145 (clb), (crb); 151 (cl); 155 (cr), (c); 175 (tr), (cra), (cr); Jan Kranendonk 170 (br); Jane Rix 49 (bl); javarman 95 (background); JM Travel Photography 160-161 (b); Joseph Sohm 21 (br); 94 (bl); Julio Aldana 22 (bl); Junjira Limcharoen 72 (bl); Katarina Christenson 164 (bl); Kath Watson 41 (r); KKulikov 51 (br); kovop58 111 (b); lazyllama 176 (bl); Mark Time Author 139 (br); Michele Aldeghi 98 (bl); Mike Fuchslocher 152 (br); Mikhail Kolesnikov 44 (br); Molotok289 58 (c); Nadya_Art 154 (background); Nedim Bajramovic 104 (br); NWM 139 (cr); ONYXprj 54 (b); 55 (bl); 55 (t); Pawel Horazy 97 (br); Peanutz 153 (cla); PhiloPhotos 83 (b); pingebat 104 (cr); 121 (tr);164 (tr); PlusONE 32 (br); pluut 107 (bl); Preju Suresh 133 (bl); Przemyslaw Skibinski 57 (bl); Rainer Lesniewski 87 (tl); Renata Apanaviciene 171 (b); ricochet64 114 (l); rm 81 (cr); Robert Paul Laschon 11 (cla), (bl); 22 (cr); 30 (tr); 35 (tl), (c); 38 (c), (tr), (clb), (bl); 39 (bc); 41 (cl); 50 (br); 51 (cr), (crb); 52 (cl), (bl); 53 (cl), (tr), (bl), (br); 59 (br); 61 (cr),(crb); 64 (cl), (bl), (cr); 66 (cl), (tr); 69 (cl), (bl); 74 (bc), (br); 75 (cl), (cr), (br); 76 (tl), (cr); 80 (tl), (cr); 82 (br, Azerbaijan); 82 (br, Singapore); 82 (br); (Turkey); 9 5(br), (cla), (bl); 101 (cr); 102 (cr), (br); 104 (cl), (bc); 117; 124 (clb); 130 (cr); 133 (cl); 134 (cr); 135 (cl); 142 (cr); 143 (tr); 143 (bl); 144 (tl); 145 (tl); 146 (cl); 172 (t), (b), (cr); S.Tatiana 117 (br); SAPhotog 62 (cl); Savvapanf Photo 91 (br); Schwabenblitz 42 (tr); Sergey Kamshyli 103 (bc); Signs/Symbols 104 (bl); SimoneN 91 (bl); Sony Herdiana 130 (br); Stephan Langhans 167 (cl); sun ok 92-93 (b); Svetocheck 107 (cb), (cbr); Tapasr 144 (b); Triff 28-29 (c); trots 8 (clb); 109 (all flags); 156 (cl); 158 (cl), (cr), (br); 159 (cl), (bl); 160 (tr); 161 (tl); 164 cl), (crb), (br); 166 (tl); 167 (all flags); 168 (cl); 168 (cl); 168 (cr); 169 (cl); 169 (cr); 173 (cl), (cr); Ttuba7113 130 (bl); UlyssePixel 144 (cra); Voinau Pavel 148 (t); Volkova Natalia 125 (br); Volonoff 78 (cl); Wasanajai 34 (br); Wildijck 63 (bl).

Dynamo Ltd: 8 (br); 26 (cl); 27 (br); 27 (crb); 33 (cr); 48 (crb); 54 (ca); 54 (c); 54 (tr); 54 (cr); 55 (fcrb); 55 (crb); 55 (cra); 55 (fbr); 55 (br); 56 (bl); 57 (cb); 57 (bl); 57 (br); 60 (c); 89 (cr); 89 (br); 89 (crb); 95 (tl); 96 (bc); 108 (c); 108 (cla); 110 (br); 113 (bl); 129 (clb); 129 (bl); 138 (br); 140 (cra); 140 (crb); 143 (bc); 147 (bl); 151 (bl); 154 (cla); 154 (cl); 154 (bl); 154 (tr); 155 (br); 170 (tr); 171 (all flags); 172 (br); 174 (br); 176 (cr); 177 (all flags).

一次看懂世界國旗
The Flag Book

作　　者｜茉伊拉·巴特菲爾德（Moira Butterfield）
插　　畫｜迪納摩有限公司（Dynamo Limited）
譯　　者｜李天心

責任編輯｜陳品蓉
文字校對｜陳品蓉
封面設計｜季曉彤
美術設計｜林素華

負 責 人｜陳銘民
發 行 所｜晨星出版有限公司
　　　　　行政院新聞局局版台業字第 2500 號
地　　址｜台中市 407 工業區 30 路 1 號
電　　話｜04-2359-5820
傳　　真｜04-2355-0581
Email　 ｜service@morningstar.com.tw
網　　址｜http://www.morningstar.com.tw
法律顧問｜陳思成律師

郵政劃撥｜15060393 知己圖書股份有限公司
讀者專線｜02-23672044

初　　版｜2022 年 2 月 1 日
初版二刷｜2023 年 6 月 1 日
定　　價｜新台幣 570 元

ISBN 978-986-5582-70-8

國家圖書館出版品預行編目 (CIP) 資料

一次看懂世界國旗 / 茉伊拉·巴特菲爾德（Moira Butterfield）著；
迪納摩有限公司 (Dynamo Limited) 繪；李天心譯 . -- 初版 . -- 臺
中市：晨星出版有限公司，2022.02
　　面；　公分
譯自：The Flag Book
ISBN 978-986-5582-70-8（精裝）

1. 國旗

571.182　　　　　　　　　　　　　　　　110006461